贫困农民的生活世界

精准扶贫时期的贫困治理研究

范会芳　著

上海社会科学院出版社

本书为郑州大学公共管理学科建设经费资助成果

自序

在学术界浩如烟海的著作和文献面前,我时常会感到迷惑和彷徨,也时常质疑自己书写的价值和分量。就贫困研究而言,近些年诸多的学术论文和著作在不断地生产着。自己这部著作虽是依据多年实地调研经历而成,但是究竟有多大的价值、有多少创新,说实在我心里是忐忑的。可是,我依然希望这部书的出版不是为学界增加了文字垃圾,而是做了些贡献,哪怕是微不足道的贡献。

希望通过我的视角、我的文字,让更多的社会人士了解贫困户,了解精准扶贫时期发生的那些事儿。换言之,对于那些没有机会接触精准扶贫和贫困户的人来说,他们对这一事件和这一群体可能存在着"道听途说"的失真或者"以讹传讹"的误解。走进他们的生活世界,真实、客观地描述他们的生活,让更多的人获得对于贫困户相对真实的认知,是我试图达成的目标。尽管这一目标并不宏伟,尽管达成它存在诸多艰难,我也仍然愿意一试。

我希望这部书不仅仅是一部学术作品,虽然客观上它可能就是被如此定义的。通常,学术作品因为其"高处不胜寒"的性格和特点而被社会大众"敬而远之",也因此只是在学术圈内传播。如何让学术作品走出象牙塔，走到社会大众的面前，让大家了解学术界是如何研究发生在我们身边的事件和群体的生活世界，恐怕不只是我一个人的期待。

如今，学术界不乏因题材、文采或者思想而一炮走红的著作，比如：《贫困的本质》曾获得诺贝尔经济学奖，一度成为畅销书；费孝通、贺雪峰的《乡土中国》《新乡土中国》如今在社会大众中也广为流传。我深刻认识到，真正经典的作品未必需要以一副佶屈聱牙的形象呈现给大众；真正伟大的作品往往是简洁的、易读的，甚至是通俗的。当然，我深深知道自己的分量，也断不敢与诺奖获得者或费老的成就相提并论。但是，我确实想写一部不太一样的书，或者说想以通俗的语言，或记录或解释当前发生在我们这个时代的"社会事实"。学科背景注定了我无法摆脱来自学科的局限。但是，若研究视角无法改变的话，是否可以通过改变表述的方式来改变学术著作的"高冷"气质，增加它的可读性，这是我努力的方向。

在此过程中，我也时常面临"左右为难"的窘境以及可能陷入"四不像"的尴尬。毕竟，这是一个人人都可以成为专家的时代。对于社会问题和社会现象的发言权，不仅仅掌握在我们这些研究者手里。那么，如何使自己的表达在摆脱学术作品既有的高深和抽象之余，又不至于沦为平庸之见，这是我时常思考也时常警醒的地方。也就是说，如何保持学术作品的客观性、学术性的同时又增强作品的可读性与独特性，是我在撰写这部著作时努力的目标。受学术界的启发，我在每章之前都增加了一段文字，一是作为每章开篇的引文，二是作为注释和解读性文字，希望可以增加本书的可读性。

烈日炎炎，暑热难耐，又是一年中最热的时节。回想起过去几年里每年夏天在各地调研的场景，回想起与地方扶贫干部探讨关于如何消除贫困、如何帮助贫困户脱贫的场面，一时间，我的内心充满无限感慨。毫无疑问的是，正是上述的农村调研经历，正是一次次与贫困户接触的体验，才让我获得了关于此项研究的灵感，同时激励我排除困难、最终完成这份书稿。我深切体会到，一个研究者，尤其是社会科学领域的研究者，若没有下沉基层的勇气，若没有放下读书人清高的"入世"，就不会有真正切合现实的"问题意识"，同时也不可能做出回应时代需求的好文章。

我的忐忑之处还在于，对于上述问题，我尽管有来自认识论的清醒与自觉，可是在实际上，关于自己究竟做到了多少，我却并没有答案。在过去的几年里，我虽然做出了真诚的努力，但因能力与精力所限，自认为并没有达到令自己满意的程度。比如，对于贫困户生活世界的探究，更多的是描述，解释得不够深入；对于打通理论社会学与经验社会学研究之间的壁垒，究竟在多大程度上完成了预期的目标，我也不得而知。

但是，是时候为这项研究画上句号了。伴随着2020年底精准扶贫战役宣告胜利，伴随着乡村振兴战略全面开启，绝对贫困问题化为昨日云烟。今后，在全国人民迈向共同富裕的征途中，我们期待着已经脱贫的农民家庭以及贫困户群体，能够借助新时期党和国家的福利政策，从心理上摆脱弱势心态，从行动上摆脱福利依赖，从生活上摆脱原有的"生活世界"和不良惯习，迎头赶上，积极进取，早日实现共同富裕。让我们共同期待。

2024年8月13日

目 录

第1章 绪论
    第一节 研究的背景及意义 /1
    第二节 研究方法及抽样原则 /4

第2章 文献梳理与回顾
    第一节 贫困问题与精准扶贫的相关研究 /7
    第二节 农民的特点及其行为研究 /11
    第三节 农民的意义世界及其价值观的研究 /12
    第四节 生活世界的相关研究 /18
    第五节 研究述评 /22

第3章 贫困农民的集体群像
    第一节 有关贫困农民的刻板印象 /24
    第二节 贫困农民的人口学特征 /25
    第三节 贫困人口的特征 /34
    第四节 贫困户的类型及"他者"眼中的
            贫困户 /38

第4章 贫困农民的日常生活世界
    第一节 走近贫困户的生活世界 /44
    第二节 贫困户生活的"物理空间" /47

目录 II

第三节 贫困农民的日常生活：一日三餐 /52
第四节 贫困农民日常生活的物理空间：住房 /63

第5章 贫困农民的精神世界
第一节 贫困女性的意义世界：局限在村庄内的意义及其日常 /71
第二节 封闭的意义世界：不和人交往的"贫困户" /74
第三节 贫困老人的精神世界 /79
第四节 残疾贫困户的精神世界 /83

第6章 理解贫困农民的行动逻辑
第一节 为何贫困户会"等、靠、要" /87
第二节 当贫困户光荣吗？ /91
第三节 哭穷式表演与套路化"感恩" /95

第7章 贫困农民的社会交往与关系网络
第一节 影响传统社会农民社会交往的因素 /97
第二节 贫困农民的社会交往 /99
第三节 移动互联网时代贫困户的社会交往 /102

第8章 贫困农民生活世界的多重实在
第一节 多重实在及其具体运用 /106
第二节 研究贫困户的生活世界及"多重实在"的意义 /107
第三节 贫困户生活世界的"多重实在" /108

目录

第9章 贫困治理：理念变迁、福利意蕴及治理效果

第一节 西方贫困治理的理念变迁及其启示 /112

第二节 生活世界视角下我国贫困治理的效果 /117

第10章 新时期基层治理的转向及贫困农民生活世界再审视

第一节 新时期农村基层治理的转向 /128

第二节 新时期贫困农民生活世界的再审视 /131

第三节 结语 /135

附录一 扶贫干部访谈资料 /137

附录二 贫困户访谈资料 /155

附录三 各类调查表 /163

附录四 脱贫攻坚基础知识 /166

附录五 建档立卡贫困户情况说明（样表） /171

附录六 ××村关于脱贫攻坚工作的情况说明 /175

附录七 调研笔记 /179

附录八 调研照片 /195

参考文献 /197

致谢 /205

第1章 绪 论

> 贫穷已经伴随了人类几千年。如果我们打算在50年或者100年内消除贫穷,那就行动起来。我们应该与全球其他人一起联手努力,让这个世界再没有人每天依靠99美分生活。
>
> ——阿比吉特·班纳吉、埃斯特·迪弗洛[1]

第一节 研究的背景及意义

一、研究背景

贫困问题是一个全球性问题。无论是发展中国家还是发达国家,都正在遭受或者曾在不同历史时期和发展阶段遭受过贫困问题的困扰。

在中国这样的农业大国,贫困农民作为弱势中的弱势,自古以来就一直存在着,而且数量相当庞大。从本质上看,他们都是处于农村社会底层的、缺乏各类资源的弱势人群。如何改善他们的生存处境,如何根除长期以来形成的贫穷思维、贫穷模式以及贫困行为,是党和国家一直关注的问题。

改革开放以来,国家通过落实家庭联产承包责任制、改革户籍制度、完善社会保障体系等一系列制度变革,帮助广大农民群体消除贫困、实现共同富裕。

---

[1] [印]阿比吉特·班纳吉、[法]埃斯特·迪弗洛:《贫穷的本质》,景芳译,中信出版集团2018年版。

早在20世纪80年代，党和国家就提出了《国家八七扶贫攻坚计划》，开始自上而下推动我国的反贫困工作。进入21世纪之后，党和国家再次把消灭贫困人口、缩小城乡差距作为新时期经济社会发展的重点工作，相继出台了多个政策、文件，全力推动脱贫攻坚的实现。

"精准扶贫"的概念是2013年习近平总书记在湘西考察时首次提出的，主要是针对之前扶贫工作中存在的扶贫不精准、扶贫资源浪费等问题。之后，"精准扶贫"迅速成为学术界研究的热点和实践层面的工作重点，近些年更是成为社会各界耳熟能详的热门词语。

党的十八大以来，以习近平同志为核心的党中央更是把脱贫攻坚作为新时期党和政府工作的重要任务和目标，将之纳入"五位一体"总体布局和"四个全面"战略布局，以前所未有的力度推动脱贫攻坚工作。在党的十九大报告中，习近平总书记明确提出了，截至2020年底中国现存贫困人口全部脱贫的奋斗目标。之后，全国上下各级政府、各方主体围绕扶贫的目标、任务以及具体实施方案进行了精准施策、精准扶贫。截至2020年12月31日，全国范围内最后阶段的551万贫困户也全部脱贫，精准扶贫战役如期取得了胜利。

可以说，精准扶贫无论是作为一场全国范围内的"战役"还是国家宏观层面的战略布局，体现的是国家自上而下摆脱贫困的决心，是新时期党和国家反贫困工作的持续深化，是帮助农村弱势群体摆脱贫困处境、全面实现小康的关键举措。数据显示，2013—2018年，全国农村贫困人口的数量从8 249万人下降至1 660万人。同一时期，河南省范围内的农村贫困人口数量也从2013年的639万人减少至2018年的168万人。

本书正是在上述背景下展开研究的。截至2020年底，全国范围内精准扶贫任务已经完成，绝对贫困问题也得以彻底解决。然而，在某种程度上，贫困问题仍是个"顽疾"。绝对贫困之外还存在相对贫困。同时，因为某些不可抗力因素，个别家庭或者群体还有可能在脱贫之后再次返贫。正是在这个意义上，本书将始终围绕贫困问题发生的根源、贫困主体的类型以及精准扶贫的实践展开，一方面针对精准扶贫时期贫困人群（贫困户）的脱贫过程、主客观条件的改变展开梳理和叙述，另一方面从生活世界层面探究造成贫困问题的根源以及解决贫困问题的出路和对策。本书的重点是探究贫困户在精准扶贫过程中生活世界的状态以及因外部扶贫行动而发生的改变。

二、研究意义

研究贫困农民的生活世界,既非故弄玄虚,也非另辟蹊径,而是源于对现实问题的追问,源于对于弱势群体的人文关怀和深切同情。

之所以选定该题目做研究,原因如下:

其一,精准扶贫是近年来社会领域的热点问题。社会科学研究者的工作属性和从小在农村生活的经历,使笔者对于农村领域的热点问题有着高度的敏感性和强烈的好奇心。自 2015 年以来,精准扶贫成为基层社会治理中的热门话题,笔者也因种种机缘多次亲身参与。在下乡扶贫的过程中,笔者得以近距离地接触并观察贫困农民的生活,发现他们的精神世界与行动逻辑自有其特别之处,与外界对于贫困户的"刻板印象"不同,他们有属于自身的精神世界。于是,以生活世界理论作为解读和透视贫困农民群体的视角便成为当时的不二选择。

其二,该选题与笔者之前的研究有较为密切的关联。生活世界研究是笔者博士阶段研究的方向,虽然说之后研究重心一度转向经验领域,但对于理论社会学的兴趣并未终止。如何将经验研究与理论研究结合起来便成为时常思考的问题。"生活世界"作为介于哲学与社会学之间的理论,因其抽象性而被学术界忽视。作为蕴含着丰富的理解社会学传统的理论工具,笔者试图由此出发去理解被贫困困扰的底层行动者,进而从社会政策的角度给予他们更多的支持。在舒茨看来,"只有生活世界这一原始的基础才使得所有的理解成为可能"[1]。我试图找寻贫困农民群体"生活世界"之脉络,同时在现实世界里找到马克斯·韦伯"理解社会学"的源头。带着这样的初衷,笔者开启了对于贫困农民生活世界的研究。

在理论层面,首先,本书涉及农村社会学和现象学社会学两个学术领域。笔者尝试将上述两个领域结合起来,试图打破社会学理论研究与经验研究之间的壁垒,促进理论与实践之间的有效融合和理论创新。其次,本书从贫困农民生活世界的视角出发,是对精准扶贫领域相关研究的拓展和补充,既可以体现

---

[1] R. Grathoff, *The Theory of Social Action: The Correspondence of Alfred Schutz and Talcott Parsons*, Indiana: Indian University Press, 1978, p.63.

以农民为主体的研究视角，又可以丰富学术界的相关研究。

在现实层面，从贫困农民主体的角度反映精准扶贫的效果，有助于政策制定者和扶贫主体更深层次地理解贫困农民及其生活世界建构的逻辑。此外，探寻贫困农民生活世界的逻辑和意义赋予的过程有助于推动相关政策尽快落地，直接或者间接惠及贫困群体，推动低收入群体尽快摆脱贫困，早日实现共同富裕。

第二节　研究方法及抽样原则

对于贫困问题的相关研究近些年已然成为社科领域内的一大热点，国内学术界从精准扶贫的困境、取得的成效、机制的建构、政策的导向等方面对于扶贫实践进行了多方位、多角度的分析和研究。然而，在诸多的研究中，却少有关注贫困户或者贫困农民的生活世界的研究。这一方面固然是因为这个群体绝对数量庞大，即便在全国的贫困发生率已经降到1%—2%的时候，全国范围依然还有上千万的贫困人口，有限的研究难以穷尽无限的个体。但另一方面，也与社会科学领域中定量研究方法占据主导地位的现实有关。受实证主义的影响，社会学从诞生之日起，就带有鲜明的自然科学的烙印。运用归纳法的逻辑概括现实世界的规律一直以来是无数社会学人的理想和学术追求，对于贫困问题的研究也不例外。在研究者的视野中，贫困农民通常是以模糊的集体形象出现的，他们是"被研究的对象"。这固然是由研究本身的性质而决定的主体-客体二元的角色分工，但是，人文主义的方法论给社会科学的启示是，社会科学的研究除了关注客观事实及其规律的呈现之外，还可以关注个体的内心世界，以及在特定情景下社会结构带给个体的时代印记，等等。

一、入户访谈：进入贫困农民日常生活的尝试

近些年，随着精准扶贫实践向纵深推进，越来越多的扶贫干部、第一书记、驻村责任人等在脱贫攻坚动员下频繁地到贫困户家庭走访，了解他们的生活处境，倾听他们的诉求和心声，同时督促、推进各项扶贫政策的落实。"贫困户一下子成了香饽饽"，他们的"生活世界"从原来的无人问津，被忽视和漠视，

变成频繁地有人上门探访，贫困农民也一次次地展示、暴露其主观世界以及日常生活的内容。

研究者的入户访谈无疑也是在上述背景下展开的。首先，研究者通常都是他者。以他者身份进入乡村调研，一般是不容易被接受和认可的，自然也得不到被访者的信任和配合。因此，入户首先需要熟悉地方情景和乡土文化的村干部的配合。其次，研究者通常都是知识分子。该群体的特点往往是离现实较远，离理论较近。能否实现从书面语言到口头语言的转化，能否将研究者的理性逻辑转变为老百姓所熟悉的家长里短，无不考验着研究者的智慧。于是，研究者的入户访谈往往就演变为由村干部、扶贫书记等众人陪同下的"领导视察"。研究者试图深入被访者内心世界的意图也往往被众目睽睽之下的询问、关心以及七嘴八舌所打断和阻碍。但即便如此，研究者还是试图在"匆匆一瞥"中窥探贫困农民生活世界的部分真实。

二、样本选取的原则

研究贫困农民首先就需要对"贫困农民"进行界定。这既是本体论问题（以谁为研究对象），也是本研究的认识论问题（如何认识研究的客体）。在数次调研中，研究者发现，通过持续几年的精准扶贫实践，地方政府已经将农村低收入人群和家庭都纳入建档立卡贫困户的系统中，每个村庄和每个乡镇，已经有一套完整的贫困户名单。因此，本研究不需要再花精力和时间去确定谁是贫困农民。换言之，所有的贫困户都属于本研究理论层面的"研究对象"。

在操作层面，受研究者时间和精力的局限，不可能穷尽所有的贫困户（当然也不必要）。那么，按照什么原则和方法挑选调查对象就成为研究之初需要考虑的第二个问题。精准扶贫到了最后"攻坚拔寨阶段"，剩下的贫困户多是老、弱、病、残群体。按照实证主义和人文主义的方法论，要兼顾调查对象的独特性与代表性。经过深思熟虑，大致确定如下几个抽样原则。

（一）调研便捷的原则

按照目前官方网站公布的数据，全国范围内的贫困户都已脱贫，但"脱贫不脱政策"，最后的脱贫户还将在一定时间内继续享受国家的相关帮扶政策。对于那些分布在老、少、边、穷地区的贫困户，如果要研究者长途跋涉到外省、外地进行研究，无疑会产生许多难以想象的困难，同时，时间、成本以及语言的障碍都会成为研究中无法避免的难题。与其大老远地跑到其他地方去做"蜻蜓点水式的调研"，还不如就扎根本土，深入挖掘和发现本地贫困农民的生活状态以及内心世界。因此，本研究选取的访谈对象主要集中在研究者所处的河南省范围内。

（二）深入挖掘的原则

受实证主义方法论的影响，如今国内外的社会学界多以追寻现象背后的规律为研究重点，却忽略了每一个对象的独特性和个体价值。放弃问卷法及其背后的推论，尽可能地根据研究者的时间，挑选有代表性的个体作为研究对象，进行深度挖掘，同样可以反映部分真实。

（三）典型性原则

面对绝对数量相对庞大的贫困人群，采用质性研究方法，典型性和代表性无疑是本研究的内在要求。如何从众多的贫困户中选择有代表性的典型案例，这是对研究者的考验。典型可以是一个贫困家庭，也可以是一个贫困村或者贫困户。选取典型时通常参考当地扶贫干部的意见。

（四）可行性原则

研究者如何走进被研究者的生活世界？这是本研究的一个难点，也是重点。按照生活世界的本原含义，这是理论家的抽象概念。从操作的层面，包括研究者在内的任何一个他者都无法真正地走进他人的"生活世界"。生活世界的外部空间和构成，通过观察、实地走访可以窥见一部分，但是内在世界以及行动者的意义建构的逻辑却是研究者无法企及的。如果从这个角度讲，这个研究就成为无法进行的难题。好在社会学的思路不同于哲学的抽象。笔者在构思这项研究的时候，其实已经有了大致的研究取向，即放弃主流社会学采用的定量研究的方法，以质性研究的访谈法、观察法以及实地调研法为主。收集典型个案的完整的资料，以故事社会学作为研究的契机和切入点。故事的叙述方式是具有可读性的，同时又不是单纯地讲故事。从中能够寻觅时代的脉络、结构的印迹以及个体的差异。

第2章 文献梳理与回顾

所谓文献回顾（literature review）是指对迄今为止与某一研究问题相关的各种文献进行系统查阅和分析，以了解该领域研究状况的过程。通常而言，文献回顾是研究报告中不可或缺的部分，同时也是研究者与学术界进行对话的过程。文献回顾既可以帮助研究者熟悉和了解相关领域研究的进展，还可以为研究者提供研究的思路和方法。

——风笑天[①]

与本研究相关的文献包括：有关贫困、精准扶贫的研究，有关农民行为、主观世界、精神世界与价值观的研究，和有关生活世界的研究。

第一节 贫困问题与精准扶贫的相关研究

一、贫困的定义、类型及成因的相关研究

贫困问题迄今仍然是困扰世界各国特别是发展中国家的主要问题之一。国外有关贫困问题的研究主要集中在贫困的内涵、贫困问题的成因以及贫困的测量等方面。

---

① 风笑天：《社会研究方法》，中国人民大学出版社2022年版。

(一) 何谓贫困

对于这一基本问题的回答涉及多个学科。目前学术界多从以下几个方面界定贫困：(1) 收入标准。英国经济学家朗特里（S. Rowntree）认为，贫困就是家庭收入未能满足家庭成员最基本的生存需求的状态。① 在此基础上，学术界发展出诸多计算贫困线标准的方法，如恩格尔系数法、市场菜篮子法、收入比例法以及综合法等。(2) 匮乏的标准。经济学家阿马蒂亚·森（Amartya Sen）认为，贫困既包括物质的匮乏，同时也包括机会的匮乏和能力的匮乏。② 在此基础上，阿马蒂亚·森提出了多维度贫困的概念。之后，世界银行也将人类贫困界定为生活质量、基本权利和发展机会等多方面的不足或者匮乏。

(二) 贫困类型

依据不同的标准，贫困问题被划分为不同的类型。相关的划分包括：物质贫困与精神贫困；绝对贫困与相对贫困；单一贫困与多维贫困等类型。

左停、李世雄认为，2020年后的中国贫困总体上表现为相对贫困，即收入显著低于社会平均收入与中位数收入的低收入贫困，但也有其他表现形式的贫困，如以"困"为显著特征的特殊群体贫困、刚性支出或不合理支出过量的支出性贫困、城乡二元结构影响下的城乡流动性贫困、受风险冲击产生的暂时性贫困，以及区域不平衡的发展型贫困等。③ 万良杰、薛艳坤基于贫困流动性视角，以贫困人员的收入流动性和消费流动性为基础，利用通用电气决策分析矩阵，把贫困类型分为绝对型贫困、支出型贫困、收入型贫困、技能开发型贫困、脆弱型贫困、家庭急难型贫困、人情型贫困、人力资本型贫困、依赖型贫困等九类。④ 王太明、王丹依据绝对贫困与相对贫困的关系以及后脱贫时代相对贫困的新表现指出，知识贫困、精神贫困、隐性贫困和代际贫困是后脱贫时代相对贫困的主要类型。⑤

---

① S. Rowntree, *Poverty: A Study of Town Life*, London: Macmillan, 1901.
② [印度] 阿马蒂亚·森:《贫困与饥荒》，王宇、王文玉译，商务印书馆2004年版。
③ 左停、李世雄:《2020年后中国农村贫困的类型、表现与应对路径》，《南京农业大学学报（社会科学版）》2020年第4期。
④ 万良杰、薛艳坤:《贫困流动性、贫困类型与精准脱贫施策研究》，《湖北民族学院学报（哲学社会科学版）》2019年第5期。
⑤ 王太明、王丹:《后脱贫时代相对贫困的类型划分及治理机制》，《求实》2021年第2期。

（三）贫困成因

有关贫困问题的成因，不同学者有不同的解读。马克思主义者将贫困问题归因于社会制度，认为人们在社会关系中所处的位置决定了其经济收入和社会地位；无产阶级的日益贫困恰恰是因为资产阶级剥夺了其劳动的剩余价值，因此无产阶级和资产阶级之间的矛盾是不可调和的。

西方经济学家则从其他角度解读贫困的成因。比如，美国哥伦比亚大学的纳克斯（R. Nurks）认为，发展中国家之所以长期存在贫困是因为经济中的各个要素之间相互联系，相互作用。资本稀缺、人口过快增长都会导致贫困在一个国家或地区恶性循环。① 经济学家莱宾斯坦（H. Leeibenstein）从供给和需求两个方面对发展中国家的贫困问题进行了分析，也得出了贫困的恶性循环的结论。②

人口学家马尔萨斯提出了著名的人口剩余致贫论。他认为，食物的增长速度无法赶上人口的增长速度，这必然导致贫困，即所谓的"马尔萨斯陷阱"。③ 舒尔茨认为，贫困的根源不在于物质的匮乏，而是因为人力资本的匮乏和对人力投资的轻视。④

其他学科的研究者则注重从文化角度分析贫困问题的成因。爱德华·班菲尔德（Edward C. Banfield）指出伦理藩篱导致乡村社会难以摆脱贫困。⑤ 刘易斯则指出，贫困文化严重影响贫困人口的脱贫。所谓的贫困文化是指"贫困人口阶层所固有的一种比较固定的、持久不变的、代代相传的生活方式"⑥。美国社会学家、政治家莫伊尼汉（Moynihan）则指出，贫困文化也具有恶性循环的特点，低成就动机—低社会流动—低教育水平和低竞争力—低收入和低社会地位，这样的循环模式导致贫困群体很难摆脱贫困。⑦

西方资本主义国家在工业化的过程中也在一直与贫困问题做斗争。英国自17世纪初就颁布《济贫法》，运用国家和立法的力量消除贫困；19世纪30年

---

① ［美］雷格那·纳克斯：《不发达国家的资本形成问题》，谨斋译，商务印书馆1953年版。
② H. Leibenstein, *Economic Backwardness and Economic Growth: Studies in the Theory of Economic Development*, New York: Wiley Press 1957, p. 97.
③ ［英］托马斯·罗伯特·马尔萨斯：《人口原理》，杨菊华、杜声江译，中国人民大学出版社2012年版。
④ ［美］西奥多·W. 舒尔茨：《论人力资本投资》，吴珠华等译，北京经济学院出版社1990年版。
⑤ Edward C. Banfield, *The Moral Basis of a Backward Society*, California: Free Press 1967, p. 28.
⑥ ［美］威廉·阿瑟·刘易斯：《二元经济论》，施炜译，北京经济学院出版社1989年版。
⑦ Daniel Patrick Moynihan, "Defining Deviancy Down", *American Scholar* 1993. p. 24.

代，英国政府对《济贫法》进行了修改；第二次世界大战以后，英国在《贝弗里奇报告》的基础上建成了福利国家，其他国家也相继通过福利制度保障低收入群体的生活。可以说，贫困问题始终伴随着人类社会的发展进程。

二、精准扶贫的相关研究

2013年，习近平总书记在湘西考察时首次提出"精准扶贫"的概念。之后精准扶贫迅速成为学术界研究的热点和实践层面的工作重点。以"精准扶贫"为篇名和关键词在中国知网数据库进行搜索，截至2023年11月底，共有3.74万篇学术论文、7694篇学位论文涉及精准扶贫主题。以贫困户为核心关键词进行搜索，共计1.01万篇期刊论文。此外，以"贫困人口""贫困村""扶贫对象""精准脱贫"等为关键词的研究也相当丰富。

需指出的是，本书是以"精准扶贫"作为研究的时代背景，并非要对国内有关精准扶贫的研究进行梳理和归纳。从目前期刊网上的文献来看，穷尽并梳理相关研究是一项几乎不可能完成的任务。因此，本书只梳理社会学学科内有关精准扶贫的研究。

精准扶贫，作为"多方参与的过程和有明确目标的系统实践"[1]，关系到我国能否全面建成小康社会的宏伟目标，也由此成为国内学术界研究的热点。社会学背景的学者通常注重精准扶贫过程中在人的扶持和人力资本方面的投入，认为社会工作与精准扶贫具有同构性，能够使服务对象增能。[2] 也有学者从贫困户的角度出发进行考察，指出乡村社区的文化保守性以及贫困农户比较强烈的平均主义思想使得精准扶贫难以有效推行。[3] 万江红关注到精准扶贫过程中农民的"争贫"和"闹访"行为，并将此类行为归结为精准扶贫在基层治理中的困境，归因为村民自治组织能力和权威的缺失与不足。[4] 许汉泽、李小云用农民的生存伦理解释了贫困户在精准扶贫中参与不足的原因，并将贫困户的主

---

[1] 王思斌：《精准扶贫的社会工作参与——兼论实践型精准扶贫》，《社会工作》2016年第3期。
[2] 关信平：《我国低保标准的意义及当前低保标准存在的问题分析》，《江苏社会科学》2016年第3期。
[3] 左停、杨雨鑫、钟玲：《精准扶贫：技术靶向、理论解析和现实挑战》，《贵州社会科学》2015年第8期。
[4] 万江红、苏运勋：《精准扶贫基层实践困境及其解释——村民自治的视角》，《贵州社会科学》2016年第8期。万江红、孙枭雄：《权威缺失：精准扶贫实践困境的社会学解释》，《社会科学文摘》2017年第5期。

体性不强作为精准扶贫地方性困境的具体表现。① 王雨磊在分析数字下乡与扶贫治理时，论及农民在面对精准扶贫时的微观心理和行为逻辑。② 王三秀指出，只有真正确立贫困农民反贫困的主体性地位，才能实现农村贫困治理模式的创新。③

第二节　农民的特点及其行为研究

一、国外学术界的相关研究

在社会学界，历来不乏研究者"自下而上"研究农民的行为特点及生活世界。托马斯、兹纳涅茨基于20世纪20年代撰写的《身处欧美的波兰农民》一书便是上述研究的典范。该书以1880—1910年移居美国的波兰农民为研究对象，运用"生活研究法"深入研究移民群体在美国社会的生存状态及其生活世界，揭示了底层群体的生活状态，对芝加哥学派产生深远影响。④

詹姆斯·C. 斯科特，美国耶鲁大学政治科学与人类学的教授，他以东南亚地区农民的生活场域为观察点和切入点，以挣扎在生存线边缘的贫困农民为研究对象，指出身处东南亚地区的贫困农民的行为是保守的，他们几乎没有投机的机会，也不想通过冒险而获得大成功、发横财。相反，他们的行为是不冒风险的，首先考虑的是生存的需要，并遵循"安全第一"的行为逻辑。⑤ 经济学家则从理性人的角度出发解读农民的行为逻辑（最有代表性是舒尔茨⑥和贝克尔⑦）。社会学家质疑该观点，提出"社会理性"的概念。⑧

---

① 许汉泽、李小云：《精准扶贫视角下扶贫项目的运作困境及其解释——以华北W县的竞争性项目为例》，《中国农业大学学报（社会科学版）》2016年第4期。
② 王雨磊：《数字下乡：农村精准扶贫中的技术治理》，《社会学研究》2016年第6期。
③ 王三秀：《贫困治理转型与贫困农民就业福利模式重构》，《社会保障研究（北京）》2013年第2期。
④ [美] W. I. 托马斯，[波兰] F. 兹纳涅茨基：《身处欧美的波兰农民》，张友云译，译林出版社2000年版。
⑤ [美] 詹姆斯·C. 斯科特：《农民的道义经济学：东南亚的反叛与生存》，程立显等译，译林出版社2001年版。
⑥ [美] 西奥多·W. 舒尔茨：《论人力资本投资》，吴珠华等译，北京经济学院出版社1990年版。
⑦ [美] 贝克尔：《家庭经济分析》，彭松建译，华夏出版社1987年版。
⑧ A. 恰亚诺夫：《农民经济组织》，萧正洪译，中央编译出版社1996年版。

二、国内学术界的相关研究

农民特点与行为逻辑历来也是国内研究的重点。黄宗智认为，中国农民的行为包括理性与非理性两种逻辑。[①] 此外，学术界还围绕农民是否具有合作意识和合作能力展开深入探讨。[②]

费孝通运用人类学方法，全方位观察与深入描绘20世纪初期中国农民的生活。[③] 费老认为，传统社会中的农民行动凸显"善合"的特点：农民聚村而居，小农经营模式的生产力水平不高，家户之间横向联系乃是出于现实的考量。就当代农民而言，曹锦清指出中国农民历来善分而不善合，"中国农民的天然弱点在于不善合，他们只顾自己的眼前利益，但看不到长远利益"[④]。针对农民是"一袋马铃薯"和"不善合"的特征，梁漱溟提出"以合作团体利用外部技术引导农民从分散走向合作"[⑤]。陈小锋认为，从内涵上讲，"善分"可以是农民之间独立存在、没有横向的联系，也可以是对立和冲突，"善合"指的是农民能安分守己或相安无事，也指向为了共同目标而展开的相互协作。因此，在没有明确"善分"与"善合"的含义与指向的情况下去解释农民行动，其结论自然是模糊不清的。[⑥] 乡村社会学和人类学研究多倾向于从村落出发考察农民及其生活世界；[⑦] 在费孝通"熟人社会"概念基础上，贺雪峰提出了关于中国农村社会是"半熟人社会"的论断。[⑧]

第三节 农民的意义世界及其价值观的研究

一、有关农民精神世界的相关研究

梳理文献发现，透视农民主观意义世界的一个有效视角是自杀。刘燕舞长

[①] 黄宗智：《长江三角洲的小农家庭与乡村发展》，中华书局2000年版。
[②] 曹锦清、张乐天、陈中亚：《当代浙北乡村的社会文化变迁》，上海远东出版社2001年版；贺雪峰：《乡村治理的社会基础》，中国社会科学出版社2003年版。
[③] 费孝通：《江村经济》，商务印书馆2001年版。
[④] 曹锦清：《黄河边的中国》，上海文艺出版社2013年版。
[⑤] 梁漱溟：《梁漱溟全集》，山东人民出版社2011年版。
[⑥] 陈小锋：《农民行动研究的两种范式之争：焦点、反思与重构》，《湖北社会科学》2021年第4期。
[⑦] 费孝通：《乡土中国》，北京大学出版社1998年版。
[⑧] 贺雪峰：《新乡土中国》，北京大学出版社2013年版。

期关注农村妇女的自杀问题。他通过整理 6 省 24 村的田野调查资料，发现从 20 世纪 80 年代到 90 年代中期，农村妇女的自杀问题很严重，但进入 2000 年以后，农村女性自杀率大幅下降，自杀问题有所缓解。而导致农村女性自杀问题的深层原因在于权力（权利）解放的话语影响与强势的男权结构二者在转型过程中的不匹配或不同步。[1] 通过对所收集资料的详细分析，作者将农村女性自杀的动机主要划分为逃避责任、摆脱痛苦、冲动出气、反抗报复、情感绝望、生存困难等类型。无论哪一种，无疑都涉及农民的精神世界。[2] 虽然作者并未针对上述案例进行深入挖掘，但是由此可以窥见作为弱势群体的农村女性在面临家庭纠纷、夫妻争吵或者婆媳矛盾时的非理性与意义缺失问题。

吴飞从日常生活的视角深入分析了中国人的自杀问题。[3] 在他看来，西方基于医学模式或者基于涂尔干经典自杀模式的分析都不能完全解释中国人的自杀问题。理解中国人的自杀问题，还必须考虑中国社会文化背景。"过日子"是作者基于田野调查凝练出来的一个概念和透视自杀问题的独特角度，是对中国人生活过程的概括，包括个体从出生到死亡的全部生命历程。"过日子"的最小单位是家庭，重点在"过"的过程，这也正是生命意义展现的过程。"凑合着过""混日子"则是农民在面对生活磨难或者家庭生活不如意时常有的一种态度，也体现了他们在逆境时的坚强、无奈以及自嘲。由于家庭在中国人心目中特别重要，因此在家庭内遭受委屈可能导致个体选择自杀。作者从过日子视角对农村自杀问题的分析让我们更深入地了解了日常生活基础上的农民的精神世界和行为逻辑。

阎云翔发现，非集体化之后国家对地方社会干预的减少直接导致私人生活发展、公众生活迅速衰落以及农民自我中心主义的倾向。[4] 此外，通过对家乡的长期田野考察，阎云翔发现了北方农村的代际关系变化。随着农村社会的变迁，代际也开始出现亲密关系，年长一辈开始理解并接受子女"孝而不顺"的

---

[1] 刘燕舞：《中国农村妇女自杀率演变的趋势分析——基于 6 省 24 村的回顾性田野调查》，《贵州师范大学学报（社会科学版）》2017 年第 2 期。

[2] 刘燕舞：《家庭结构转型下的农村妇女自杀研究》，《华南农业大学学报（社会科学版）》2019 年第 4 期。

[3] 吴飞：《论"过日子"》，《社会学研究》2007 年第 6 期。

[4] 阎云翔：《社会自我主义：中国式亲密关系——中国北方农村的代际亲密关系与下行式家庭主义》，《探索与争鸣》2017 年第 7 期。

现象，而这种新兴的代际亲密关系，标志着对中国传统家庭文化的突破。他通过研究发现，中国人依然是一个处于人际关系网络中的关系个体，个人生活的意义依然深深地扎根于人际关系之中，而单纯追求个人利益的自我主义容易遭到谴责，中国式亲密关系的核心是"社会自我主义"。该研究深刻揭示了农民生活世界中的意义所在和人际关系在新时代的新特征。

二、农民价值观的相关研究

涉及农民精神世界的另外一个维度是价值观。以"农民价值观"为标题关键词在中国知网数据库中进行搜索，结果如下：2000年1月至2023年11月底，共有274条结果，其中97篇发表在北大中文核心期刊上。在上述研究中，涉及农民"社会主义核心价值观"建构的有85篇，涉及"社会主义核心价值观培育"问题的有22篇，涉及农民价值观变迁的有13篇，涉及农民对于土地价值观的有10篇，此外从新农村建设、乡村振兴角度分析农民价值观的分别有9篇和12篇。

贺雪峰认为，农民琐碎的日常生活背后有着对高尚目标的追求，这个追求就是他们的生命意义所在。[①] 不同于吴飞，贺雪峰是从中国广大的农村社会寻找问题和答案，而不是从西方文献中寻找问题。村庄生活的面向是农民建立自己生活意义和生存价值的集体文化表达。

内向的农村，宗族、村庄尚有吸引力，能够产生共同体的价值和形成历史感；而宗族解体、人口大量外出的村庄，共同体意识无从形成，历史感也无法建立。此外，贺雪峰还发现，农民生活较之以往都更好了，但是幸福感却越来越低。[②] 基于调研，贺雪峰提出"农民的本体性价值"的概念[③]，认为农民行为的背后都有其价值基础。他将农民的价值分为三种类型：一是本体性价值，这是关于人的生命意义的思考，传宗接代构成了农民安身立命的基础；二是社会性价值，指向人与人之间关系、个体在群体中获得的位置及评价；三是基础性价值，指的是人作为生命延续体所必需的物质条件。当前农村社会出

[①] 贺雪峰：《新乡土中国》，北京大学出版社2013年版。
[②] 贺雪峰：《乡村治理的社会基础》，中国社会科学出版社2003年版。
[③] 贺雪峰：《农民价值观的类型及相互关系——对当前中国农村严重伦理危机的讨论》，《开放时代》2008年第3期。

现的"伦理性危机"源于农民本体性价值的沦丧。农民价值观的变迁既是社会变革的结果，也是社会变革的反映。① 农民价值观的变迁直接影响乡村治理的形式。② 在新时代，农民社会主义核心价值观的认同也面临结构性、伦理性的双重困境，可以通过提升组织凝聚力、倡导新集体主义、培育农村公共文化等途径实现农民社会主义核心价值观的重塑和培育③，也可以从价值导向、力量整合、内在动力等多方面引领，促进乡村文化的振兴。④ 新形势下，增强农村社会主义核心价值观的针对性和实效性，提升农民对于社会主义核心价值的认同度，应紧紧地围绕维护和保障农民合法权益、深深扎根于农民的日常生活世界、加强农村基层党组织建设展开。⑤

三、农民文化生活的相关研究

农民的文化生活是影响其精神世界的另外一个维度。自 20 世纪 20 年代，学者就开始注重农民精神文化生活的建设，其中最为后世学人称道的无疑是以晏阳初和梁漱溟为代表的知识分子在农村开展的乡村建设运动。为了改变农民"愚、贫、弱、私"的习性，晏阳初在河北定县的翟城村针对性开展生计教育、文艺教育、卫生教育和公民教育，全面改良农民的生活方式、生产方式，以改变农民推动中国问题的解决。⑥ 同一时期，梁漱溟在山东邹平成立乡村建设研究院，在地方政府的支持下开展针对农民的培训，就地培养乡建人才，主张运用乡规民约，将农民组织起来。⑦

如今，学术界从不同的角度持续关注农民的文化生活。卞桂平认为，农民主体意识的缺乏是导致农民精神世界相对匮乏的主要原因，因此建议从普及农村教育、提高农民素质入手培养农民的主体性，丰富其精神生活。⑧ 张世勇关注到由

---

① 康来云：《改革开放 30 年来中国农民价值观变迁的历史轨迹和未来走向》，《学习论坛》2008 年第 9 期。
② 贺雪峰：《乡村治理研究的进展》，《贵州社会科学》2007 年第 6 期。
③ 吴春梅、席莹：《党的群众路线在农村实践的社会基础》，《武汉大学学报（哲学社会科学版）》2014 年第 5 期。高志辉：《论新时代下农民社会主义核心价值观的培育》，《西部学刊》2018 年第 10 期。
④ 李凤兰：《社会主义核心价值观引领乡村文化振兴——基于日常生活理论视角》，《贵州社会科学》2018 年第 7 期。
⑤ 王国伟：《新形势下农民群体对社会主义核心价值观认同度的分析——基于全国 2 142 份问卷的调查》，《思想政治教育研究》2017 年第 2 期。
⑥ 杨雅彬：《近代中国社会学》，中国社会科学出版社 2001 年版。
⑦ 梁漱溟：《梁漱溟全集》，山东人民出版社 2011 年版。
⑧ 卞桂平、杨艳春：《当代农民精神世界构建：主体意识及其培养》，《理论与改革》2008 年第 3 期。

电视下乡所引起的农民娱乐方式家庭化这一变化,指出随着电视在农村的普及,乡村社会公共文化娱乐方式不断式微,电视媒介成为乡村社会变迁的推动器。[1]

鲁小亚、刘金海以乡村振兴为背景,以马克思的"社会结构-精神方式"为分析框架,指出中国农民的精神文化生活经历了从一体化、再一体化到多样化的演变过程,影响其演变的因素是家族、国家与个体之间的互动关系。[2] 现阶段农民精神文化生活进入了转折期,其特征为内容多样化、表现常态化,关系复杂化、交互矛盾化,传统性有余而现代性不足,被动性为主、解离化明显,现实性较强、意识形态弱化。新时代乡村文化振兴的方向在于,在维护农民思想观念多样化的基础上加强主流意识形态的主导地位、传承农村优秀传统文化,塑造具有现代文明的公民意识、建立以农民为参与主体、惠及民众需要的公共文化服务体系。张显春探讨麻将作为一种娱乐方式对农村中老年群体幸福感的影响。研究发现,农村中老年群体适度参与麻将娱乐可以提升其幸福感,但是以赌博为目的的麻将则会使其无法兼顾家庭生计,造成较大财产损失,对幸福感有负向作用。[3]

四、有关农民意义世界的相关研究

对于农民意义世界的讨论,人类学关注得较多,而以研究社会问题为己任的社会学较少关注该话题。在哲学和文化领域,许纪霖对中国人的意义问题做了深入探讨。他指出,中国的现代化过程是社会结构不断被解体的过程,不仅表现为传统家族的解体、宗教的解体,也表现为新的社会团体迟缓产生。[4] 儒家思想作为生活世界的伦理原则,渗入政治领域,给中国的政治生活、伦理生活和日常生活带来了巨大影响。家国天下的秩序与现代人的自我,都面临着一个"再嵌化"的过程。[5]

---

[1] 张世勇:《电视下乡:农民文化娱乐方式的家庭化》,《华中科技大学学报(社会科学版)》2008年第6期。
[2] 鲁小亚、刘金海:《乡村振兴视野下中国农民精神文化生活的变迁及未来治理——基于"社会结构—精神方式"分析路径》,《农业经济问题》2019年第3期。
[3] 张显春:《欢乐还是幻乐:麻将娱乐对农村中老年群体幸福感的影响机制》,《西北人口》2019年第4期。
[4] 许纪霖:《中国思想研究:五四运动专辑》,《知识分子论丛》2005年第1期。
[5] 许纪霖:《在自由与公正之间——现代中国的自由主义思潮(1915—1949)》,《思想与文化》2007年第3期。

直接关注农民意义世界的著作是杨华撰写的《隐藏的世界：农村妇女的人生归属与生命意义》。作者运用田野调查的方法深入女性农民的意义世界，揭示了她们的人生归属与生命意义。杨华认为，农民的意义危机出现于2000年之后。[1]

（一）祖荫下与传统农民的生命意义

林耀华把宗族作为一个功能团体，从祠堂入手，探讨了宗族的两大功能：对宗族成员的保障功能以及宗教功能。[2]

许烺光认为，在宗族里的确定身份使人们能够获得基本的社会性满足，以及关于人生意义的满足，这些人由此获得了祖先的"庇荫"。而生活于"庇荫边缘"的人无法获得上述满足。许烺光为中国农民构建了一个祖荫下的生活世界，从结构-功能的角度引申出宗族对于其成员赋予宗教意义的满足。[3]

钱杭批评基于功能主义的宗族研究，认为宗族的出现与持续从根本上来说是农民为满足自身对历史感和归属感的需求，是农民的本体性需求。他将农民的生命体验归结为一种深层的历史感与归属感，该研究加深了学术界对于农民生活意义的认识。[4]

但是上述研究均未将农民的意义世界当作独立、主位的研究对象进行考察，也就没能建构一套关于传统农民的人生归属与意义世界的理论体系。

（二）自我的他性与中国人的自我结构

流心较早关注农民精神世界与自我结构，他从农民自我结构的变迁来探索他们的人生定位与生命价值的变化。[5] 市场是促使农民以自我为中心建构价值与他人关系的重要因素。农民从之前依靠祖荫到现在主要依靠自我来赋予人生以意义。在社会发生根本转变的现代，因为社会、文化与历史力量的相互作用，"我"在本质上发生了断裂，成为"非我"，即自我的他性。因为自我普遍被建构成"他者"，人们的生活失去了方向感，缺乏时间导向，一些农民也越来越深

---

[1] 杨华：《隐藏的世界：农村妇女的人生归属与生命意义》，中国政法大学出版社2012年版。
[2] 林耀华：《义序的宗族研究》，生活·读书·新知三联书店2000年版。
[3] 许烺光：《宗族、种姓与社团》，南天书局2002年版。
[4] 钱杭：《现代化与汉人宗族问题》，《学术季刊》1993年第3期。
[5] 流心：《自我的结构》，《中国社会心理学评论》2010年第1期。

地陷入"自我的他性",其人生笼罩在"自我的阴影下",成为"无公德的人"。

(三) 过日子与中国农民的生活逻辑

吴飞认为,中国农民和往常一样,在"过日子"。家庭生活是感情与政治的合一。陈辉理解生活的逻辑,还是要从现实生活入手。"过日子"直接对应着衣食住行、社会交往和观念世界。①"过日子"既是一种生活方式,也是一套生存伦理,内含着中国人特有的一套生活逻辑。梁漱溟曾在《乡村建设大意》中写道:"广义的文化,就是一个社会过日子的方法。"简小鹰、谢小芹基于江汉平原L村的考察,认为农民生活在本质上是面向现实的,是一种实践理性的表达,农民个体会竭尽全力将日子过好。②何绍辉认为,农民的日常维权行动与群体性利益表达因受"过日子"逻辑的考量而迈向"不情愿的抗争",并在选择行动策略时采取有节制的"出气"与忍气吞声的"认命"行为。③

第四节 生活世界的相关研究

学术界有关生活世界的研究主要可以分为两类:一类是在理论层面探讨生活世界的历史脉络、理论构成以及与方法论的关联等;另一类是把生活世界理论作为一种方法和工具,探讨其在现实领域中的具体运用。从本研究的主题来看,上述两个方面的文献都与本研究密切相关。第一类文献可以作为本研究得以进行的理论基础,可以为本研究的框架提供启发和灵感;第二类文献则可以为生活世界理论进入农村现实领域提供直接的借鉴。鉴于此,本节将对上述两类文献进行梳理。

一、哲学视域中生活世界的相关研究

"生活世界"是胡塞尔在其后期著作《欧洲科学的危机与超越论的现象学》

---

① 陈辉:《人事管理哲学基本问题探析》,《中国行政管理学会2011年年会暨"加强行政管理研究,推动政府体制改革"研讨会论文集》,2011年。
② 简小鹰、谢小芹:《"过日子"与农民的生活逻辑——基于江汉平原L村的经验考察》,《长白学刊》2015年第1期。
③ 何绍辉:《人情功利化及其社会基础——基于辽宁东村的调查与思考》,《古今农业》2012年第2期。

中提出的一个重要概念,由此开创了有关生活世界的现象学。在胡塞尔那里,生活世界是和"科学世界""哲学世界"相对存在的领域,是被"遗忘的自然科学的意义基础"。针对"生活世界"的含义,西方哲学界也进行了较多的讨论,如海德格尔、瓦尔登费尔斯等。他们认为,在胡塞尔那里,生活世界不是一个被直接描述的对象,而是一个具有方法目的的回问对象。之后,沿着胡塞尔开辟的现象学路径,诸多哲学家都对生活世界这个概念进行了解读,包括舒茨、古尔维奇、哈贝马斯等人。索瓦(Sowa)认为,胡塞尔的生活世界包括两个层次:一个是经验层次,另外一个是先天层次。①

在国内学术界,倪梁康是对胡塞尔有着全面系统研究的哲学家之一。他不仅重新梳理了有关生活世界概念理解的学术史变迁,而且对胡塞尔不同时期的手稿进行了研读。倪梁康认为,根据索瓦的区分,可以将生活世界的现象学区分为"生活世界的经验描述现象学"与"生活世界的本质描述现象学"。在此基础上,他分析了胡塞尔对于生活世界问题的四重视角。②

将现象学引入社会学是阿尔弗雷德·舒茨最为卓越的贡献。舒茨在20世纪30年代发表的《社会世界的现象学》可以算作现象学社会学的奠基之作。③ 其中,舒茨从对马克斯·韦伯概念中的含混不清的批判开始,借助柏格森之桥,重新解读了"生活世界"的概念,进而提出生活世界的社会学。张浩军结合舒茨现象学社会学建构的过程,重新讨论了现象学如何为社会科学奠基的问题。④张浩军指出,尽管舒茨从胡塞尔那里获得了较多的灵感和启发,也得到了胡塞尔的赏识和肯定,但在两位不同的哲学家那里,生活世界其实具有不同的内涵。在胡塞尔那里,生活世界是先验的经验世界,由先验自我所构造,并非日常意义上的世俗的生活世界。

受到现象学的影响,日常生活逐渐成为哲学界热议的一个核心概念,甚至引起了哲学研究的"日常生活转向"。张道建指出,日常生活转向体现了现代化进程中社会语境在时间和空间经验中的转变,同时是西方社会理论和意识形

---

① Rochus Sowa, Husserls Idee einer nicht-empirischen Wissenschaft von der Lebenswelt, *Husserl Studies* 2010, 26(1).
② 倪梁康:《探寻自我:从自身意识到人格生成》,《中国社会科学》2019年第4期。
③ [奥] 阿尔弗雷德·舒茨:《社会世界的现象学》,卢岚兰译,桂冠图书出版社1991年版。
④ 张浩军:《舒茨社会世界现象学视域中的他人问题》,《学术研究》2018年第5期。

态的重大转折。[①] 在此过程中,马克思主义和西方社会学都做出了重大贡献。

哈贝马斯的生活世界理论也是国内哲学界研究的主题之一。徐苗苗、刘冬分析了哈贝马斯理论中生活世界的特征,指出生活世界是一个关系性的世界;对于个人而言,生活世界是主观和客观世界的重叠;生活世界作为交往行动的背景,一方面建构着交往行动,另一方面也被交往双方的行动所建构。[②] 此外,生活世界具有日常性。生活世界的殖民化是现代西方社会各种权力系统入侵生活世界的后果,这是现代性困境的表现形式之一。

二、社会学视域中生活世界的相关研究

在社会学界,生活世界往往等同于"日常生活"。霍桂桓将舒茨的现象学社会学理论进行了译介[③],之后国内有关现象学社会学的讨论和研究开始进入社会学的教科书。[④] 其中,杨善华将现象学社会学作为社会科学研究的方法论,详细分析了感知与洞察在定性研究中的运用,论证了现象学、社会学对于定性研究实践的方法论意义。文章指出,研究某一特定群体的日常生活具有强烈的社会学意义,而悬置是感知的前提和基础。唯有如此才能获得对访谈对象赋予访谈和访谈场景的意义的感知和认识。洞察是感知的结果和目标。在实践中需要洞察被访人的言外之意以及现象的本质。概言之,现象学社会学的开放性使得它在社会科学的质性研究中能够面向事情本身从而获得更多的感知与洞察。[⑤]

孙飞宇同样注意到舒茨的生活世界理论所具有的方法论意义。[⑥] 他通过深入分析和讨论舒茨的"主体间性"理论,指出日常生活世界从一开始就是一个主体间的、文化的、意义的世界。社会科学如何面对和解决这一两难问题一直是舒茨试图回答的问题。

---

① 张道建:《"日常生活转向"的理论源流探析》,《湖北社会科学》2019年第9期。
② 徐苗苗,刘冬:《哈贝马斯"生活世界理论"对现代性的反思》,《黑龙江社会科学》2020年第5期。
③ 霍桂桓:《全球化与文化哲学方法论》,《社会科学论坛》2001年第12期。
④ 侯钧生:《西方社会学理论教程》,南开大学出版社2006年版;杨善华、谢立中:《西方社会学理论·上卷(21世纪社会学系列教材)》,北京大学出版社2005年版;贾春增:《外国社会学史》,人民大学出版社2008年版。
⑤ 杨善华:《改革以来中国农村家庭三十年——一个社会学的视角》,《江苏社会科学》2009年第2期。
⑥ 孙飞宇:《方法论与生活世界 舒茨主体间性理论再讨论》,《社会》2013年第1期。

早在2009年，社会学家就提出农村社会学要以日常生活为切入点进行研究，[①] 并将农民的日常时间分为日常生活时间和事件时间，农民常态的日常生活具有社会学意义。

三、生活世界理论的现实运用研究

学术界也有运用生活世界和日常生活视角来分析家庭制度变迁的情况。[②] 范晓光、吕鹏将个体对于法律的理解置于现实的情景中，进而用现象学社会学的理论逻辑深入剖析了日常生活世界中人们对于法律的不同内涵的理解，可以认为是生活世界社会学在实践层面的灵活运用的成果。[③] 杨善华将生活世界理论作为家庭社会学研究的新视角，主张以被访人的生活史作为切入点，进而挖掘常态生活的意义以及意义之间的联系。[④]

在教育学界，顾秀林指出，现代性导致教育评价与生活世界的分离，呼吁教育评价回归生活世界，并运用理解的方法超越考试，走向理解。[⑤] 王平亚结合教育过程中主体性缺失、教育问题倍出的严峻事实提出教育要重返"生活世界"。具体而言，提倡注重学生的切身体验、主体情感，注重生命观和价值观的教育，同时提出教育要超越现实生活。[⑥]

黄剑分析了日常实践视角下生活世界亲和性的嬗变与重塑，指出日常实践作为发生于日常生活中的各类重复性、惯例性活动，是社会成员获得丰富多样的生活经验和感受的主要途径，是生活世界意义系统建构的基础，而生活世界的亲和性主要体现在四个方面：属我性、熟悉性、人文性和确定性。现代性背景下生活世界亲和性的嬗变主要体现在四个方面：一是日常实践在时空方面被职业活动和消费活动分割；二是日常实践的"外包化"使熟人圈变得松动；三是日常实践的过度技术化导致人与生活环境的疏离；四是生命历程的制度化，

[①] 杨善华、刘小京：《近期中国农村家族研究的若干理论问题》，《中国社会科学》2000年第5期。
[②] 杨善华：《关注家庭日常生活中的"恒常"——一个家庭制度变迁的视角》，《中华女子学院学报》2021年第2期。
[③] 范晓光、吕鹏：《中国私营企业主的"盖茨比悖论"——地位认同的变迁及其形成》，《社会学研究》2018年第6期。
[④] 杨善华：《关注"常态"生活的意义——家庭社会学研究的一个新视角初探》，《江苏社会科学》2007年第5期。
[⑤] 顾秀林、闫碧舟：《面向生活世界的评价：一种评价哲学的审视》，《当代教育与文化》2021年第2期。
[⑥] 王平亚：《论教育如何回归生活世界》，《内蒙古师范大学学报（教育科学版）》2009年第22期。

使日常实践受到抽象系统的支配。①

杜鹏结合农村社会生活失序问题提出了日常生活治理的概念，提倡研究要回归村庄日常生活本身，并致力于深入日常生活的动力和结构，通过柔性的权力技术实现村庄日常生活与国家的有效衔接，以维系生活秩序的有序再生产。②

第五节　研究述评

通过对国内外相关研究的梳理发现，学术界无论是对贫困问题的解读还是对精准扶贫的研究，可以说已经相当丰富、比较深入了。国内学者大多从扶贫治理、模式建构、运行逻辑等宏观视角进行了深刻解读，这为本书奠定了坚实的学术基础，提供了充足的学术积淀。从微观层面来看，也有许多研究涉及农民的特点、行为逻辑、意义世界及价值观等多个层面，这些研究大多有深度、有内涵，可以作为"前人的理论"和本书的基础，对于理解贫困农民的行为和生活世界的逻辑建构具有一定的参考意义。此外，有关生活世界的理论探讨及运用研究在国内学术界也有部分学者关注。这些研究成果与本书的研究主题密切相关，具有较强的参考价值和启示意义。

但整体看来，相关研究还存在如下几个方面的不足：

第一，在有关精准扶贫的研究中，贫困农民在扶贫的话语中往往是作为被"瞄准"的目标、治理的对象或者参与能力不足的弱者存在的，鲜有学者深入贫困农民的生活世界，以农民的主体视角来审视精准扶贫对于他们生活世界的影响及意义，同时也缺乏从农民主体层面来反观精准扶贫成效的研究。

第二，在生活世界的相关研究中，缺乏运用现象学、社会学的农村社会学领域的深度研究；尽管国内有社会学家指出，现象学、社会学的理论、概念与方法对于中国的现实领域具有较强的解释力，但由于该理论的抽象和难懂，目前尚未产生高质量的学术成果，尚未在经验领域产生大的影响。

第三，有关农民行为逻辑、意义世界与价值观的研究中，缺乏从社会学视

---

① 黄剑：《日常实践视角下生活世界亲和性的嬗变与重塑》，《广西民族大学学报（哲学社会科学版）》2018年第6期。
② 杜鹏：《郊区社会：城乡中国的微观结构与转型秩序》，《社会科学文摘》2021年第7期。

角的解读，尤其是缺乏针对贫困农民的主观世界和意义赋予过程的研究。

第四，就研究方法而言，现有的研究多以规范性研究为主，缺乏有深度的质性研究成果，较少从生活世界的视角透视贫困农民的主体精神世界。

上述缺憾为本书的研究提供了空间。笔者认为，宏观和中观层面的各种研究对于了解和把握中国精准扶贫的进度、成因都是有帮助的，但是缺乏农民视角的关于精准扶贫之主观意义的理解和把握，就无法真正理解精准扶贫对于贫困农民的意义，从而无法在根本上改变他们的生活，达到乡村振兴的目标。因此，本书将以现象学、社会学的方法为工具，探寻精准扶贫背景下农民日常生活的意义赋予过程和行动逻辑，进而了解扶贫对于他们日常生活的改变和农民意义世界的构成。

第 3 章

贫困农民的集体群像

20亿农民站在工业文明的入口处，这就是在20世纪下半叶当今社会向社会科学提出的主要问题。当全球以不同步伐迈向工业化时代之后，农民群体将何去何从，他们在城市化浪潮下的集体命运如何？他们将何以谋生？这一系列问题都将成为摆在社会科学面前的现实挑战和难题。

——孟德拉斯[1]

第一节 有关贫困农民的刻板印象

曾经在很长一段时间内，人们一提起"农民"二字脑海中涌现的就是一群衣衫褴褛、困苦潦倒的穷人，他们的生活朝不保夕，他们的世界充满不幸与悲惨。这就是曾经社会大众眼中有关贫困农民的刻板印象。

在中国漫长的历史长河中，农民群体一直是作为社会中的"大多数"及"被统治者"而存在的。帝王将相作为封建社会中的统治者，不仅主宰着社会中的资源分配，而且主导着广大农民群体的命运。农民，作为农业社会中的主要职业群体，自古以来的生活方式仿佛都是被规定好的，"面朝黄土背朝天"，在土地里谋生存。在风调雨顺的年份里，他们或许可以通过辛勤劳作而勉强维持一家人的温饱；但大多数时候，他们都在生存线附近挣扎，一次自然灾害或者一场兵荒马乱就可能让他们陷入贫困的陷阱，难以自拔。所以，无论是人们

---

[1] ［法］H. 孟德拉斯：《农民的终结》，李培林译，社会科学文献出版社2010年版。

的集体记忆中，还是作家、诗人的文学作品里，农民在某种程度上就是贫困、穷人的代名词，农民就等同于贫困农民。

改革开放之后，尤其是 20 世纪 90 年代以后，中国开始步入工业化、城市化的快车道，伴随着中国的经济腾飞，越来越多的农民开始摆脱贫困的境地，相当一部分农民在征地拆迁、市民化的进程中变成"拆二代"、暴发户。农民群体开始发生分化，原有的贫困、穷苦的集体形象出现崩塌，原来以种地为生的农业劳动者出现了较多的职业分化。多数农民借助时代机遇摆脱了贫困，逐渐走向富裕。2020 年底，随着精准扶贫战役的全面胜利，最后的 551 万名贫困人口也摘掉了贫困的帽子，摆脱了绝对贫困。也就是说，贫困农民连带其刻板印象都将在脱贫攻坚之后走向终结。在这历史性时刻，以描述和解释见长的社会学作为社会科学重要组成部分，应该发挥特长，承担使命，梳理并记录 21 世纪以来最为重要的变化，记录在脱贫攻坚时代最后一批社会底层的群像，以便为未来的人们留存一份记忆，提供些许参考，同时这也是对时代变迁的记录与书写。这便是笔者试图为当代最后的贫困农民进行群像描摹的初衷与缘由。

第二节 贫困农民的人口学特征

精准扶贫以来，我国的贫困人口逐年大幅度下降。根据国家统计局公布的 2020 年《中国农村贫困监测报告》显示，2012 年我国农村贫困人口数量为 9 899 万人，贫困发生率为 10.2%；截至 2019 年底，农村贫困人口数量降至 551 万人，比上一年度减少 1 109 万人，贫困发生率降至 0.6%。2013—2019 年连续 7 年年均减贫人口数量超过 1 000 万人，7 年间累计减贫 9 348 万人。2020 年底，全国范围内仅有的 551 万名贫困人口也宣布脱贫，至此我国由各级政府强力推动的精准扶贫战役落下帷幕，绝对贫困现象在我国宣告消失。[①]

这些数据无疑是令人振奋的，充分说明了精准扶贫战略所取得的划时代成果，充分展示了国家自上而下推动、社会多方力量参与的反贫困战役所取得的伟大胜利。然而，大数据一方面彰显了各方力量的合力和成效，但同时也遮蔽

[①] 国家统计局住户调查办公室：《中国农村贫困监测报告·2020》，中国统计出版社 2020 年版。

了作为"扶贫对象"的贫困农民的具体特征。根据我国的实际情况，判断农民是不是贫困户或者是否脱贫，通常是按照收入标准。这一标准在实际执行时虽然也有一定的难度，体现的是新时期"技术治理"的特征，但是相比较而言还是较为简单和便于操作的。然而，若要深入了解这一群体，还需要借助人口学特征的变量，比如性别、年龄、文化程度等，才能从整体上更全面地把握和理解这一群体。

2013—2020年是我国精准扶贫全力推进的阶段，同时也是贫困人口快速减少的时期。然而，查阅统计局、地方政府的官方网站以及《中国农村贫困监测报告》等多方权威资料发现，有关贫困人口的更为具体的资料依然是缺乏的。这一方面固然是因为相关资料的统计工作量相对较大，不容易对所有的贫困户信息进行深入的分析、整理和统计；另一方面是因为，贫困户信息统计通常是以家庭为单位的，而贫困农民是以个体为单位的。各级政府掌握以家庭户为单位的综合信息，却缺乏以单个农民为单位的信息统计和分类。这是事实上造成研究中"信息屏蔽"的客观原因。此外，各地有关贫困户的信息统计中涉及较多的个人隐私，出于对贫困户隐私和权益的保护，地方政府网站一般不对外公布详细数据。由此造成的客观后果是，在加快建设大数据的时代，有关贫困群体更为详细的数据资料，尤其是最新的资料依然是缺乏的。这给研究带来一定程度的不便。因此，不得不转换思路，主要依据笔者近些年深入农村调研的数据展开论述。

一、年龄与贫困

年龄与贫困之间的关系问题可以表述为：在一个人的生命周期中，哪个年龄阶段更容易陷入贫困？这个问题的确切答案是儿童期和老年期。先来看儿童贫困问题。

（一）儿童与贫困

导致儿童（未成年人）贫困的原因可能有如下几种情况：一是儿童出生在贫困的家庭，但自身是健康的；二是儿童出生即伴随某种疾病或者残缺，即所谓的先天残疾类型；三是儿童在成长过程中遭遇不幸或者意外。第一种类型的儿童为健康困境儿童，第二类型为残疾困境儿童，第三种称为患病困境儿童。

调研发现，在各地的扶贫实践中，对于贫困户的认定通常是以家庭为单位，所以贫困家庭中的未成年子女也自然被列为贫困人口。

L镇756名困境儿童中，健康困境儿童共740人，占比97.88%。残疾困境儿童11人，占比1.46%；患病困境儿童共5人，3人患大病，2人患长期慢性病，此类儿童占比0.66%。此外，11名残疾困境儿童中有6人家庭结构残缺，家中没有母亲或者父亲，5名患病困境儿童家庭结构健全（见表3-1、表3-2）。

表3-1　L镇困境儿童年龄分布

困境儿童类型	0—6岁（人）	7—12岁（人）	13—18岁（人）	合计（人）
先天残疾	0	4	7	11
患大病	0	3	0	3
患慢性病	0	0	2	2

表3-2　L镇困境儿童类型与家庭结构

困境儿童类型 家庭结构	先天残疾（人）	患大病（人）	患慢性病（人）
健全	5	3	2
残缺	6	0	0
总计	11	3	2

表3-3是L镇困境儿童及其家庭的详细信息。通过数据可以看出，无论是先天残疾还是后天的疾病，上述儿童的遭遇对任何一个家庭而言都是难以承受的重负以及无法排解的压力。在16名困境儿童中，家庭结构残缺的有6户，占比37.5%。父母外出打工的有7户，占比43.8%；父母至少有一方患病或者残疾的有4户，占比25%。在家庭致贫原因的调查中，10户明确表示是"因残致贫"，其余6户是"因病致贫"。

表 3-3　L 镇困境儿童详细情况统计

序号	年龄（岁）	性别	就读年级	健康状况	家庭情况	致贫原因	家庭结构
1	14	男	职高（高一）	残疾	父亲残疾	因残	残缺
2	13	男	初一	残疾	孤儿	因残	残缺
3	12	男	小学	残疾	父亲残疾	因残	健全
4	18	女	高三	患慢性病	母亲长期慢性病	因病	健全
5	11	女	小学	患大病	父母健康	因病	健全
6	15	男	学龄前	残疾	父母外出务工	因残	健全
7	16	男	高一	残疾	母亲患慢性病	因病	健全
8	13	男	初一	残疾	父母外出务工	因残	健全
9	10	女	小学	残疾	父母外出务工	因残	健全
10	11	男	小学	残疾	父亲外出务工	因残	残缺
11	12	男	小学	患大病	父母外出务工	因病	健全
12	18	男	中职（高二）	残疾	父亲外出务工	因残	残缺
13	10	男	小学	残疾	与祖父母、父亲一起生活	因残	残缺
14	7	男	小学	患大病	父亲外出务工	因病	健全
15	18	男	高二	残疾	与爷爷父亲同住	因残	残缺
16	15	女	高一	患慢性病	父母健康	因病	健全

　　值得庆幸的是，健康的困境儿童占绝大多数。而这部分贫困人口，经过精准扶贫政策的全面帮扶，相对于残疾或者患病儿童而言，更容易摆脱贫困。在就学方面，国家有学费减免、助学贷款以及营养早餐计划等。

在教育扶贫政策的帮扶下，无论是学龄前儿童还是青少年，凡是被纳入建档立卡贫困户系统中，他们的就学、就医就获得了来自国家和地方政府的政策福利和费用减免。相比而言，健康困境儿童的贫困状况较容易改变，属于阶段性的、短期的；残疾或患病困境儿童的处境则不太容易改变。家庭的残缺或者父母的残疾、患病在一定程度上会加重这类困境儿童的弱势处境。

在调研中，令笔者印象深刻且久久不能释怀的一个现象是"智力残疾人口的再生产"问题竟然在多地农村都存在。熟悉农村社会的人一般都知道，每个村庄似乎都有"憨、傻、痴呆"者的存在，如今统称为"智力残疾人"。对于这些人而言，他们是否有婚育的权利？能否剥夺他们结婚以及生育的自由？对此法律并无明确规定。作为家人，许多父母当然更愿意让自己有智力残疾的孩子成家。许多村干部反映，在他们看来就不应该让这些人结婚。因为一旦结婚，智力残疾人并不知道如何避孕。一旦生育，下一代智力残疾的概率是比较高的。如此就造成了贫困人口以及弱势人口的再生产。调研过程中确实见到有些家庭（由两个智力残疾人组成）相对幸运，生出来的孩子智力没有问题。可是生活在这样的家庭里，孩子能否健康长大则无法保障。更多类似的家庭没有如此幸运，一个智力残疾的母亲生出来的孩子要么先天残疾，要么因为缺乏健全的家庭环境而导致孩子有孤僻等行为问题。这样的家庭一旦陷入恶性循环，仅仅依靠自身很难改变，这一现象也可以称为"贫穷的再生产"。许多扶贫干部提到，应该对于智力残疾人群的生育行为采取干预措施，而不是放任或者无视。适当的干预当然是必要的。然而，仅仅依靠村干部显然无法起到全面监督的作用，同时也无法避免上述悲剧的重演。那些特殊家庭的左邻右舍，更多是抱着旁观的态度。毕竟，中国自古以来就秉持"清官难断家务事"的伦理判断，虽有同情成分，但更多的是漠视。

对残疾或者患病儿童而言，外部的政策帮扶只能在一定程度上改善他们的生存状况，减轻家庭的经济压力，但是他们的困境可能会在较长的时间内存在。不过值得欣慰的是，过去10年间，政府、民间力量对于残疾或者患病的困境儿童给予了非常多的关注。各类儿童基金会、慈善机构等社会力量对于先天残疾儿童的救助力度在加大，面向残疾儿童的康复机构逐年增加，有关儿童和残疾人的福利政策也在逐步完善，这些都为身处困境的农村儿童及其家庭带来了希望。

（二）老人与贫困

伴随着居民生活水平的不断提高以及人均寿命的持续延长，老龄化已经成为一个不可回避的话题和不可逆转的趋势。一般而言，当一个国家或者地区60岁以上的老年人占总人口的比重超过10%或者65岁以上人口占比超过7%时，就已经进入了老龄化社会。根据第七次全国人口普查的数据显示，截至2020年底，我国60岁以上的人口达2.64亿人，占比18.7%；65岁以上人口达1.9亿人，占比13.5%。河南60岁以上人口1799万人，占比18.08%；65岁以上人口占比1341万人，占比13.49%。① 上述数据充分反映了全国范围以及河南地区老龄化的程度。

步入老龄阶段，一定程度上意味着劳动能力的丧失，这也是老人更容易陷入贫困的原因所在。身体状况良好的老人、退休后有收入或者退休前有积蓄的老人、家中有子女赡养的老人，相比之下贫困发生率较低。相反，患有疾病的老人、家中没有积蓄或者年老之后没有固定收入的老人、子女外出务工的老人，步入老年阶段更容易陷入贫困。

这一方面是因为，个体步入老年之后各种疾病的发生率明显增加，因疾病导致的健康支出也会大幅增加。从2008年起，伴随着我国农村养老保险制度的建立，农村老人的老年生活有了一定保障。然而，截至目前有些地方60岁以上的老人每人每月也只能领取100多元，相比于日益上涨的日常必需品的价格，这笔所谓的养老金无异于杯水车薪。尽管可以缓解少部分极度贫困农村老人的生活，一定程度上改善他们的生活质量，但显然无法从根本上改变他们的贫困状况。

另一方面的原因主要有因病致贫及缺乏劳动力致贫。在此笔者想补充农村基层干部对于致贫原因的简单分类。在精准扶贫开始阶段，村干部、扶贫干部需要反复上门核对贫困户的家庭信息、个体收入、家庭支出等，其中就包括了解每个贫困家庭的致贫原因。某种意义上讲，学术界对于贫困原因的探讨与基层干部对于贫困原因的分类是不同的。比如，基层干部在统计致贫原因时，通常依据的是"表象标准"。换言之，某个家庭可能因为供多个子女上学而导致家庭人均收入低于当年的贫困线标准，因此被划入"贫困户"。但是这类贫困

---

① 国务院第七次全国人口普查领导小组办公室：《第七次全国人口普查公报》，https://www.gov.cn/guoqing/2021-05/13/content_ 5606149.htm。

户，往往在子女考入大学或者成年之后，很快就可以摆脱贫困。因此"因学致贫"的家庭往往具有较强的潜在脱贫能力。

因学致贫之外，致贫原因还包括：首先是因病致贫、因残致贫，以及因缺乏劳动力、技术、资金等原因致贫。调研发现，农民家庭因为突发重大疾病而导致贫困的比率较高。其次是因家庭中常年要照顾残疾人而致贫。这两种类型大致占全部贫困户的70%—80%。这两种致贫原因既有较强的相似性，也有一定的差异。相似在于，因为家中有病人、残疾人需要照顾，相比正常家庭而言至少缺了两名劳动力（照顾患者也很"绑人"），此外还增加了看病、吃药以及康复方面的医疗支出。不同之处在于，因病致贫者通常是后天因素造成的，比如发生重大交通事故、突发重大疾病或者常年患有慢性病等。在此之前，患病者可能是家庭中的顶梁柱或者核心劳动力。因残致贫者一般是先天的，比如家中有先天残疾的儿童等，因为一个先天残疾的孩子而拖垮整个家庭的事例在农村非常常见。当然，后天突发的交通事故或者其他意外也可能导致个体重病之后的残疾。这两类致贫原因的区分并不十分严格，其中就有相互包含的个别情况。通常情况下，个体是否残疾需要经过残联部门的认定，比如需要携带相关证明材料到残联或者民政部门进行认定，进而确认残疾等级。拿到残疾人资格认定的证明，一般才会被认定为残疾人。

再来看其他几种致贫原因。无论是缺乏劳动力还是缺乏资金、技术，其实都是基于表象的划分。自古以来，农民主要是依靠土地谋生的。一年辛勤付出的结果是，土地的产出仅仅能够维持温饱。农民当然缺乏多余的资金去创业或者投资。缺乏劳动力也只是表层原因，家庭中为何会缺乏劳动力？无非有如下几种情况：一是原有的劳动力因为年老而丧失劳动能力，二是因为劳动力上学了、生病了、去世了或者残疾了。这与前面几种致贫原因存在相互包含的关系。缺乏技术通常是指缺乏发家致富的本领或者技能。

综上，上述几种致贫原因只是基层干部便于工作需要而做出的分类，每一种类型之间并不完全符合"互斥"原则，同时也未能探究出贫困户致贫的真正原因。

再回到农村老人贫困原因的分析上来。个体因为步入老年而多病或者丧失劳动力是全球范围内普遍存在的现象，并非导致农村老人贫困的特殊原因。区别可能在于，对于城市老人而言，他们在步入老年之后可以依靠退休金来弥合因劳动力丧失而导致的收入中断，而农村老人若仅仅依靠基础养老金可能无法满足生活维系以及医疗保健等各项支出。

然而,农村社会的养老自有其依靠,即数千年来流行的"养儿防老"。那么,当下农村社会,养儿为何不再能够"防老"呢?首先,从客观方面来看,改革开放以来,包括农村家庭在内,家庭结构日趋小型化,核心家庭成为农村家庭的主要类型;尽管相比之下,农村家庭的户均子女数要高于城市,但与过去相比,家庭的子女数还是明显下降了;其次,农村劳动力大量外出,这使得许多家庭只剩下留守老人和留守儿童。如此背景下,依靠儿子养老的传统在客观上变得"心有余而力不足"。此外,伴随着社会向市场经济转型,原有的孝道文化也在商品经济侵蚀下变得面目全非。有些子女不但不给年老的父母赡养费,反而变着法儿从老人那里获取实际的利益和好处。

调研中当问及子女是否给予老人赡养费时,许多老人对此支支吾吾,并不明确回答。后来村干部对此行为进行了解释。原来,给不给赡养费,或者给多少,这都由子女自行决定,农村社会中对此并没有明确的规定。就老人而言,他们一方面因为顾及自身的面子,不好意思开口跟子女要赡养费;另一方面也是从内心心疼自己的子女,知道他们在外打工挣钱并不容易。调研发现,子女对老人的赡养多是以物质的形式(送东西)和精神赡养的方式(探望、陪伴等)进行的。当然,也有子女给老人生活费,但时间和金额并不固定。

在此需要提及的一个有意思的现象是农村中的老人户。所谓老人户,就是指户口本上仅有老人的农户。这与长期以来农村的分家制度密切相关。当子女成家后,一般都会选择与父母分家单过。随着陆续成年,家中子女通常都会将户口从原有家庭中迁出,原本的家庭户口本上最后就仅剩老人了,这即是所谓的"老人户"。在精准扶贫过程中,因贫困户或者低保户的认定通常是根据人均年收入确定的。因此,许多老人户便自然成为"贫困户"。另外有一部分老人为了争取国家扶贫政策的各项优惠,特意将个人的户口跟子女分开,以便争取贫困户指标(这种情况在调研中多次听扶贫干部提及)。面对扶贫干部的收入调查,有许多老人会刻意隐瞒子女所给予的赡养费或者物质赠与。

为了应对上述做法,各地扶贫干部因地制宜地制定了一些"土政策"。比如,他们采用"强制+激励"的办法建立"孝心养老基金"。要求进入建档立卡贫困户的老人子女每月给老人支付不少于300元或者500元的赡养费,而且这笔钱需要打入老人的银行账户中。在此基础上,地方政府每月再额外补贴50

元。这样老人每月的个人账户就有350（550）元，一年下来人均纯收入也基本达到当地脱贫标准。在此，笔者多次感叹于农村基层干部的智慧。所谓"兵来将挡，水来土掩"。针对农村社会赡养老人的不成文规定，上述"土政策"不仅有效督促了那些不积极赡养老人的子女，同时也兼顾了对老人户的帮扶责任。

仍以L镇为例。截至2019年底，该镇60岁以上的贫困人口共1 064人，占全部贫困人口的23%，其中，60—65岁身体健康的老人占比45.54%，患病老人占比35.99%，身体有残疾的老人占比12.42%，残疾且患病者占比6.05%；65岁以上的贫困老人中，患病的比例明显增加，身体健康的老人仅占25.44%，患各种疾病的老人占比54.24%，残疾老人占比12.43%，残疾且患病者占比7.89%（见表3-4）。

表3-4 L镇60岁以上贫困户健康情况

年 龄	健 康 数量（人）	健 康 占比（%）	残 疾 数量（人）	残 疾 占比（%）	患 病 数量（人）	患 病 占比（%）	残疾且患病 数量（人）	残疾且患病 占比（%）	总计（人）
60—65岁	143	45.54	39	12.42	113	35.99	19	6.05	314
65岁以上	174	25.44	85	12.43	371	54.24	54	7.89	684
总 计	317	31.76	124	12.42	484	48.50	73	7.31	998

在L镇，60岁以上的老人外出务工的也不在少数。数据显示，L镇2019年60—65岁外出务工的贫困老人有78人，占比24.84%。65岁以上外出务工的贫困户有45人，占比6.58%。此外，超过九成（93.42%）的65岁以上贫困老人不再选择外出务工（见表3-5）。

表3-5 L镇60岁以上贫困户务工情况

年 龄	务 工 数量（人）	务 工 占比（%）	未 务 工 数量（人）	未 务 工 占比（%）	总计（人）
60—65岁	78	24.84	236	75.16	314
65岁以上	45	6.58	639	93.42	684
总 计	123	12.32	875	87.68	998

从家庭人口数可以看出农村老人户的分布情况。家庭人口数为1—2人的家庭大都属于所谓的老人户。家庭人口数在3人及以上一般是老人和子女一起居住。根据笔者在L镇的调查可知，L镇的老人户共332户，其中，60—65岁1人户22户、2人户51户，占比7.31%；65岁以上的老人户共259户，占比25.95%。老人户占60岁以上老人贫困户的33.3%。

由表3-6可以看出，60岁以上的贫困老人因病致贫的有553人，占比55.41%，因残致贫218人，占比21.84%，因其他原因致贫的仅占22.75%。由此可见，对于60岁以上的农村老年人而言，疾病、残疾是导致其贫困的主要原因。

表3-6 L镇60岁以上困户的致贫原因调查

致贫原因	人数	占比（%）
因残	218	21.84
因学	42	4.21
因病	553	55.41
因灾	2	0.20
缺技术	50	5.01
缺资金	91	9.12
缺劳力	42	4.21
总计	998	100

第三节 贫困人口的特征

一、濮范台地区贫困人口的特征

濮阳位于河南省东北部，黄河下游平原，是冀、鲁、豫三省交界处。东、南部与山东省济宁市、菏泽市隔河相望，东北部与山东省聊城市、泰安市毗邻，北部与河北省邯郸市相连，西部与河南省安阳市接壤，西南部与河南省新乡市相倚。全市总面积为4 188平方公里。濮阳市下辖濮阳县、清丰县、南乐县、范县、台前县和华龙区5县1区，设有1个国家级经济开发区、1个工业园区和1个城乡一体化示范区。下辖64个乡，14个镇，11个办事处，共有2 946个村民委员会，33个自然村，81个居民委员会。截至2020年11月1日，濮阳市常住人口为3 772 088人。

由于濮阳多个县区属于黄河滩区，因此在濮阳县、范县、台前县（简称濮范台地区）多年来有一种疾病发病率一直居高不下，即髋关节疾病，又称股骨头坏死。该疾病导致很多家庭因病致贫、因病返贫。比如台前县位于临黄大堤，全县分为黄河滩区和北金堤滞洪区两部分，其中1/3的人口和耕地在黄河滩区，2/3在滞洪区。由于地理位置特殊，自然环境条件恶劣，故建县晚，基础差，底子薄。1985年，全县年生产总值5 070万元，财政收入112万元，农民年人均纯收入98元，因此被确定为国家扶贫开发重点县。范县和台前县也属于国家级贫困县。

2019年7—8月，笔者在濮范台地区进行调研。此次调研面向160多个村庄、300户村民发放问卷。其中贫困村的受访者有75户，"摘帽村"有76户，非贫困村有149户。此次调查共发放问卷300份，收回299份，有效问卷287份，有效回收率95.9%。

在此次调研中，属于建档立卡贫困户的有230户，非贫困户57户。其中，濮阳县建档立卡贫困户79户，分布在20个乡镇、71个村庄。范县建档立卡贫困户57户，分布在12个乡镇、40个村庄；台前县建档立卡贫困户94户，分布在8个乡镇、55个村庄。建档立卡贫困户占调研样本总体的80.14%。（见表3-7）

表3-7 濮范台地区建档立卡贫困户的地域分布

单位：人

地 区	您是否属于建档立卡贫困户 是	您是否属于建档立卡贫困户 否	合 计
濮阳县	79	12	91
范 县	57	20	77
台前县	94	25	119
合 计	230	57	287

数据显示，此次调研对象为濮范台地区45岁以下的中老年群体，该群体占样本总数的75.2%。35岁以下的仅占样本总体的1.7%。其中，45—60岁的贫困户占比37%，60岁以上的贫困户占比37%。这与农村青壮年劳动力外出打工、村庄以留守老人为主的农村现实相符合，同时也与贫困人口多为丧失劳动力的老年人和残疾人的现实情况相关联。（见表3-8）

表3-8　调查样本年龄分布

单位：%

年　龄	是否属于建档立卡贫困户	
	是	否
35岁及以下	1.7	1.8
36—45岁	24.3	17.5
46—60岁	37	36.8
60岁及以上	37	43.9

二、豫西地区贫困人口的特征

L镇位于河南省洛阳Y县，地处豫西地区。从其地理位置来看，该镇地处平原与丘陵的交叉地带，辖区内既包含山区的村庄，也有平原村。其发展程度处于该县中等偏上水平。

截至2020年3月，L镇共有贫困人口4 703人，1 289户，其中女性贫困人口2 156人、男性2 547人。0—18岁的贫困人口共计756人，占全部贫困人口的16.1%。18—35岁的贫困人口共计1 222人，占比26%，其中男性704人、女性518人。35—45岁的贫困人口共计406人，占比8.6%，其中，男性247人、女性159人。45—60岁的贫困人口共计1 252人，占比26.7%。60岁以上贫困人口总数共计1 064人，占比22.6%，其中，男性515人、女性549人。（见表3-9）

地方扶贫干部详细统计了各类致贫原因，其中：因病致贫的家庭有527户，占全部贫困家庭的40.9%；有255户、19.8%的家庭是因残致贫；缺资金致贫

表 3-9　L 镇贫困人口年龄分布

年龄分布	男性（总人数：2 547）	女性（总人数：2 156）	总计	占总贫困人口比例（%）
18 周岁以下人口	396	360	756	16.1
18—35 岁	704	518	1 222	26.0
35—45	247	159	406	8.6
45—60	684	568	1 252	26.7
60 岁以上	515	549	1 064	22.6

的有 220 户，占比 17.1%；因学致贫的有 134 户，占比 10.4%；因缺乏技术致贫的有 101 户，占比 7.8%；因家庭缺乏劳动力而致贫的有 46 户，占比 3.6%。上述分类是地方扶贫干部根据实际情况做出的具有操作性的划分，但根据问卷设计的原则，上述分类不符合"互斥"原则，存在一定的问题。比如，因为缺技术或者缺劳力致贫可能是表象，真正原因可能在于家中的主要劳动力年事已高，或者患病或者伤残所致，因此，这两类与前面的因病或者因残可归为一类。（见表 3-10）

表 3-10　L 镇贫困户致贫原因

致贫原因	户　数	总占比（%）
缺技术	101	7.8
缺劳力	46	3.6
缺资金	220	17.1
因　病	527	40.8
因　残	255	19.8
因　学	134	10.5
因　灾	6	0.4
总户数	1 289	100

第四节　贫困户的类型及"他者"眼中的贫困户

他者，又称"他人"，在英文里对应的单词是"other"或者"the others"。在社会学的话语中，"他者"的视角代表的是区别于第一人称"我"和第二人称"你"的第三者（他人）的角度，同时也是区别于研究者的"客观""中立"的角度。本节中的"他者"在一定程度上是指与贫困户联系比较密切、空间距离比较接近的人群，比如村干部、扶贫书记、村民等精准扶贫行动的重要参与者和旁观者。这些人眼中的贫困户形象可以说在某种程度上代表了微观环境内社会大众对于贫困人群的认知和印象，属于贫困户的"镜中我"。

在扶贫实践中，对贫困户的类型划分有如下几种标准。一是依据贫困户的外在属性进行的分类，比如低保贫困户、建档立卡贫困户、边缘贫困户等；二是依据致贫原因进行的分类，如因病致贫、因残致贫、因学致贫，以及因缺乏劳动力、缺乏技术致贫等不同的类型；三是依据贫困户所处的阶段和过程进行的划分，如脱贫户、返贫户等。类型学划分的意义在于能够帮助我们获得"他们是谁""他们是什么样的"等问题的答案。而"他者"眼中贫困户的形象既反映了现实中的贫困户的真实群像，同时是其他分类的有益补充。

一、低保贫困户与建档立卡贫困户

低保贫困户与建档立卡贫困户都不属于学术概念，这是地方扶贫干部结合农村实际而进行的划分，对应的是不同阶段两种扶贫策略下的贫困群体，划分的主要目的在于对贫困户进行区分，既体现了"精准"的内在要求，同时便于因人（群）施策。但是由于学术研究往往需要紧密结合现实并反映现实，以"建档立卡贫困户"为研究主题的论文截至2023年4月共有47篇，而以"贫困户"为标题的研究高达1 283篇，这充分反映了学术界对于贫困户分类的重视及其学术意义。

"低保贫困户"是在精准扶贫实践中常用的一个特殊概念，通常是指既享受低保同时享受各项扶贫政策的贫困户。众所周知，我国农村的最低生活保障制度的试点始于20世纪90年代。2007年7月11日，国务院下发《关于在全国建立农村最低生活保障制度的通知》，由此农村最低生活保障制度（简称"低保"）开始在全国建立。根据政策要求，农村最低生活保障对象是家庭年人均纯收入低于当地最低生活保障标准的农村居民，主要是因病残、年老体弱、丧失劳动能力以及生存条件恶劣等原因造成生活常年困难的农村居民，执行的原则是"应保尽保"。

无论是在官方还是学者的视野中，农村低保通常被认为是"兜底保障"制度，属于社会救助的重要组成部分，而农村低保户原始特征是"老弱病残孤"[1]。这与笔者在各地调查获取的数据以及在调研中获得的感性认识是一致的。

在精准扶贫之前，政府对于低保户主要实行的是现金救助的方式，即为确定为低保对象的个体或者家庭每月发放数额不等的低保救助金，以此保障其基本生活。进入精准扶贫阶段后，国家对于贫困户的认定扩大了范围，同时提出了"精准"的具体要求。为了确保贫困户的认定符合公开、公平的原则，村委会作为贫困户认定的主要责任主体，需要遵循既定的流程，比如，先由贫困户个人提出申请，然后由村委会、村民代表大会统一表决，最终确定贫困户的名单。一旦贫困户被纳入地方的扶贫系统，这便是地方落实上级扶贫政策的主要依据，而且，一旦进入扶贫系统，短时间内无法进行更改。尽管后期又建立了贫困户的"动态瞄准机制"，但还是无法从根本上改变扶贫制度的"固化"特征。

"建档立卡"是指伴随着精准扶贫的展开，贫困户的家庭情况、个人信息等需要被详细统计的过程，被纳入精准扶贫系统内的贫困户即所谓的"建档立卡贫困户"，既包括之前的低保户，也包括新近被确认为贫困户的"一般贫困户"。"建档立卡"是精准扶贫的第一步，也是最为重要的一步。调研发现，统计贫困户的各项信息，包括家庭收入的多少、家庭收入的来源，家庭成员的详细信息等成为各地扶贫工作的重要一环，在很长一段时间内甚至占据了扶贫干部的大部分精力。

就上述两种分类而言，笔者进行单独界定和区分的目的在于突出地方在扶贫实践中的创造性贡献，而学术研究的价值之一也在于及时记录和反映现实。

---

[1] 贺璇：《农村低保户形象的社会认知及其政策效应》，《人文杂志》2021年第9期。

概念往往不是凭空产生的,它从现实中来,最终成为学术界研究的现象之一,这反映了理论与实践之间相互建构的关系。

从概念的外延来看,建档立卡贫困户的含义显然更为宽泛,既包括低保贫困户,也包括一般贫困户。被纳入建档立卡系统的低保户,既可以享受农村最低生活保障制度的兜底保障,同时可以享受其他扶贫政策所隐含的福利,比如子女在上学方面的政策照顾,贫困户自身及其家庭成员在就医方面的政策优惠等。两种分类之间有一定的交叉和重叠,如何处理好两种贫困户之间的政策叠加以及福利叠加,成为精准扶贫后期来自现实的挑战之一,如何处理低保制度与扶贫制度之间的衔接,成为一个新的值得研究的话题。

二、边缘贫困户

边缘贫困户同样是来自扶贫实践的创新概念,具体是指家庭人均收入略高于地方脱贫标准、实际生活困难却未被纳入建档立卡的农户。换言之,这是指游离于贫困线边缘却由于贫困户名额的局限而被排除在建档立卡系统之外的相对贫困家庭。有的地方在认定边缘贫困户时是以家庭年人均收入超出国家扶贫标准但低于国家扶贫标准的 2 倍之内为标准的,并且家庭至多拥有一套住房或者一辆汽车,两者同时拥有的不认定为边缘贫困户。[①]

在各地的扶贫实践中,边缘贫困户因为其独特的诉求而引起了扶贫干部的重视。进入精准扶贫阶段之后,各村贫困户的数量是根据当时年份的贫困发生率推算的。比如在一个 2 000 人的村子中,假设当年该地区的贫困发生率为 3%,那么村里可以确定 60 个贫困户的名额。然而,实际的情况可能是,符合绝对贫困的家庭只有 15 个,村中其他若干个家庭的经济条件相差不多。那么,对于 15 个绝对贫困家庭被纳入贫困户,村中其他农户可能表示没有任何异议,觉得理所当然。至于其他 45 个家庭,与其家庭经济条件差不多的农户见这部分家庭被纳入建档立卡系统后享受了许多的政策实惠,往往会心生不满。

边缘贫困户最容易引起人们的非议和不满,造成矛盾和冲突。最根本的原因在于,在农村中,处于中低层收入的家庭,一般经济状况区别不是很大。而家庭收入又是一个难以监督、难以准确计算的指标;另外,村干部和村民

---

① 李辉:《缓解相对贫困:贫困边缘户贫困的预防与应对》,《特区经济》2022 年第 6 期。

个人计算家庭收入的口径还存在差异。这样就会使家庭人均收入在贫困线上下浮动的家庭部分被列入贫困户名单,部分则被排除在外。被排除在建档立卡贫困系统之外的家庭在看到贫困户不断地得到来自政府、社会各界以及扶贫干部送温暖、送物资时,产生相对剥夺感,出现"眼红"、嫉妒以及不服气。因此背后说风凉话、讽刺挖苦便成为许多村民应对扶贫不精准的"弱者的武器"。

三、脱贫户与返贫户

脱贫户是指经扶贫干部多次帮扶、家庭年人均纯收入达到当地贫困线以上进而从建档立卡系统中退出的贫困户。根据国家扶贫文件的精神,脱贫户"脱贫不脱政策",他们可以在一段时间内继续"享受"相关政策带来的各项福利。[①] 在扶贫实践中"脱贫户"经常还被作为"贫困户"进行入户帮扶。

对于脱贫户的研究在现实中可以转换为如下问题,即哪些人最容易脱贫? 调研发现,因病致贫及因残致贫的家庭相对较不易脱贫,而因学致贫或因缺劳动力致贫的家庭较容易通过扶贫政策而摆脱贫困。此外,家庭中有丰富劳动力的贫困户以及掌握一定文化资本或者关系资本的家庭也较为容易脱贫。从社会资本的角度来看,脱贫户的社会资本存量明显高于未脱贫户的社会资本存量,脱贫户在精准扶贫过程中获得的社会资本增量也明显高于未脱贫户。[②]

何谓返贫户? 在扶贫实践中,返贫户是指脱贫后的贫困户因遭受自然灾害或者其他人为的风险(比如家庭成员遭遇大病或者其他意外事故等)重新进入贫困状态。2020 年底,最后一批贫困户宣布脱贫之后,国家自上而下并未立刻撤走下派的扶贫干部,也并未马上终止之前各类扶贫政策,而是采用"扶上马、送一程"的策略对脱贫脆弱户、返贫户继续实行帮扶,以达到稳定脱贫的目的。截止到课题结项的时间节点,L 镇的扶贫干部告诉笔者,针对上述两种贫困户,地方还在执行各类扶贫政策。需要指出的是,返贫户通常只占地方贫困户的较小部分。

---

① 范会芳:《多维福利视角下脱贫户的福利获得及福利效应研究——以豫西 D 村的扶贫实践为例》,《郑州大学学报》2020 年第 5 期。
② 范会芳:《精准扶贫背景下贫困户的社会资本差异研究》,《农业经济》2021 年第 5 期。

四、"他者"眼中的贫困户形象

如前文所述,"他者"是指第三方视角,通常是指参与地方扶贫工作的扶贫干部(第一书记、村干部)以及村庄内的村民。但是,如同一千个人眼中有一千个哈姆雷特,不同的扶贫干部、不同的村民对于贫困户的印象自然有所区别。之所以还要费力去描摹他人眼中贫困户的形象,原因有三:一是不同"他者"眼中的贫困户有相对固定的形象;二是这些不同的"他者"相对比较了解贫困户群体,他们眼中的贫困户形象比较兼具抽象与具体的特征;三是他们的看法具有参考价值和客观性。

前文提及,贫困户通常都是"老弱病残孤",而这些构成了贫困户群体的"原始特征"。然而,在现实中,出于种种原因,贫困户的群体形象往往还被建构为不同的社会认知。比如有学者将农村的低保户区分为"脱离生产型"(好吃懒做)、过度消费型、行为不良型以及过度依赖型等。[①] 村民对于当地低保户的形象认知就属于"他者"的眼光,虽然具有一定的主观性和片面性,却还是折射出现实中贫困户的"众生相",具有一定的参考价值。

不可否认的是,现实中的确存在个别的贫困户,如上述研究所描述的那样,要么好吃懒做,要么"等、靠、要",主观脱贫意愿不强。但是根据笔者在实地中的调研所获取的资料来看,上述类型毕竟还是少数,多数贫困户的确是值得和需要帮扶的。他们中的多数,善良而卑微,因受到扶贫政策的惠及而对党和国家感激不尽。这类贫困户往往也不会遭到其他人的非议。这一点也可以从与笔者深度访谈的扶贫干部口中得以证实。

村民对待贫困户的态度可以分为如下几种:一是怜悯与同情,二是揶揄与嘲弄,三是眼红与不服。

在精准扶贫时期,确定贫困户大概经历了几个阶段。第一阶段,2013年各地开始启动精准扶贫,但是对于精准的落实尚不到位。其中就难免掺杂一定比例的关系户、人情户等。河南从2016年底开始核实早期确定的贫困户,之前核实不精准的家庭后来逐一退出。

根据对扶贫书记、村干部等相关人群的访谈得知,每个村子贫困户的数量

---

① 贺璇:《农村低保户形象的社会认知及其政策效应》,《人文杂志》2021年第9期。

是根据估算的贫困发生率来确定的。比如一个 1 000 户的村庄，若贫困发生率为 10%，该村的贫困户大概需要确定 100 户，可以上下略有浮动。

那么，在这 100 户中，可能有 50% 的家庭属于绝对贫困，即所谓的"真贫"，这是第一类。比如孤寡老人、因子女上学而暂时致贫的家庭以及家中有重度残疾或者因意外而致残者等。对于这类贫困户，村民的态度一般是同情并认可的。相反，若哪一户明明非常困难而没有被列入贫困户行列，村民还会背后议论，这体现了多数村民内心的公义之心。

第二类是村子里因个人问题（好吃懒做）而导致贫困的家庭，占比大概 20%—30%。虽然这类个体或者家庭的处境也有令人同情之处，但由于其品行、为人等存在较大问题（在扶贫中听到的某些贫困户"让扶贫干部给发个媳妇"之类的言辞大概就是出自此类人之口，大家对这类贫困户通常充满揶揄，以调侃、开玩笑、讥讽等方式来表达不满。

对于村干部而言，贫困发生率是上级定好的，因此村中贫困户的数量就需要按照贫困发生率来确定而非完全根据村庄的具体情况。这里可能存在这样的问题，如果村庄实际上没有那么多真正贫困的家庭，那么剩余的贫困户名额如何分配，如何在村庄内中下层家庭中选出剩余的贫困户，这十分考验村干部的治理智慧。

随着精准扶贫向纵深推进，扶贫政治化、扶贫量化考核等举措使得基层干部在确定贫困户名单时需要格外谨慎，比如，各地出台的"四议两公开"工作法就是让群众参与到贫困户确定以及监督工作中，其流程包括：个人提出申请—村民代表大会商议—在村委会张榜公布—确定名单等诸多环节。通过透明、公开的流程最终确定的名单基本上就具有了合法性，即便个别村民有意见也不好再说什么。所以，扶贫工作的流程化、规范化在一定程度上降低了基层干部工作的难度，给予了他们工作的抓手以及执行政策的依据。但是即便这样，最终确定的贫困户名单中和名单外还是会有部分边缘贫困户。

第 4 章

贫困农民的日常生活世界

> 人们为了能够创造历史,必须能够生活。但为了生活,首先就需要吃喝住穿以及其他一些东西。因此第一个历史活动就是生产满足这些需要的资料,即生产物质生活本身。
>
> ——马克思、恩格斯①

现实世界中,以衣食住行为基本内容的日常生活构成了个体生命存续的基本形态。列斐伏尔认为,日常生活是"生计、衣服、家具、家人邻居和环境",也可以称之为物质文化。②

日常生活世界是指研究对象赖以生存的物质环境以及日常生活的重要内容。具体而言,包括行动者的外部环境(如村庄环境等)、家庭内部的陈设、生活的物理空间、衣食住行等不同维度。在现象学社会学那里,这些都构成了行动者的"至尊现实",是他们意义世界的来源,是互动的基础,是生活世界中重要的构成部分。

第一节 走近贫困户的生活世界

一、"长驱直入"

生活世界主要指行动者日常行动和社会交往得以进行的范围和场所。家庭

---

① [德]马克思、恩格斯:《马克思恩格斯选集》第一卷,人民出版社 2012 年版,第 79 页。
② [法]亨利·列斐伏尔:《空间的生产》,商务出版社 2021 年版。

内部的客观环境是贫困农民生活世界的第一重构成，也是其微观生活世界。了解贫困户的生活世界，需要研究者走近并进行观察。

笔者多次到农村入户调研，几乎没有发生过贫困户拒绝入户探访的情况。然而，入户探访的场景若是换成城市社区，情况则截然不同，恐怕拒访率会远远超出调查者的预期。那么，为何会出现上述差异？笔者认为，这与以下几种因素有关。首先，笔者到农村入户走访时，大多时候都是在村干部或者当地熟人的陪同下完成的。因为有熟人引见，贫困户一般都较为配合。其次，对于农民而言，他们的隐私意识较为淡薄。甚至可以说，对于处于社会最底层的贫困农民来讲，他们的生活世界是透明的。在精准扶贫阶段，他们的生活世界通常处于开放的状态，时常会受到来自不同扶贫主体的探访和检查。在调研中，笔者甚至还遇到过村干部打电话让在外打工的贫困户火速赶回家里以便接受省级领导入户检查的例子。扶贫过程中，贫困户的资格认定是非常严格的。经过村委会公示之后，贫困户的名单一般情况下就不能随意改动了。被正式认定的贫困家庭也从此被纳入国家扶贫体系中。所以，成为"贫困户"，便意味着可以获得来自不同帮扶主体的物质和精神帮扶。[①] 这一具有时代烙印和集多重福利于一身的"贫困户身份"不是谁都可以轻易获得的，贫困农户自然也明白这个道理。当然，在他们的意识里，或许个人的隐私、人际交往的边界以及日常生活的场景原本也不具有特别的保密价值。来自他人的探望在他们看来就是在送温暖，体现党和国家的关怀。事实上，包括扶贫主体在内，几乎所有人都是这样认定这些来自外部的行为。任何不配合、不积极的举动都可能导致贫困户资格被取消。在扶贫主体以及贫困户达成上述共识之后，笔者借助调研的名义进行入户探访才能够顺利进行。

二、悬置与观察

悬置是现象学中重要的概念，同时也是研究者面对纷繁复杂的社会现象、避免先入为主进而获得真知灼见的重要方法。在胡塞尔那里，悬置的含义是"放到括号内"，具体是指将研究者的知识、观念、预判等一股脑儿暂时搁置起

---

① 范会芳：《多维福利视角下脱贫户的福利获得及福利效应研究》，《郑州大学学报（哲学社会科学版）》2020 年第 6 期。

来，悬而不论，以"空杯"状态对研究对象所处的情景、环境进行观察和判断。之后，舒茨将该方法引入社会学，并以此了解行动者语言背后的真实意图及其赋予意义的过程，进而理解其意义世界。

笔者在开始该项研究之前，曾有意识地梳理自己脑海中有关贫困农民群体的刻板印象，比如认为他们是悲惨的、不修边幅的、不讲卫生的、老实巴交的或者狡黠的等等。笔者在进入研究对象的生活世界之前，刻意提醒自己要排除上述"偏见"或者"预设"，尽量保持客观、中立的立场进行观察和倾听，在此过程中即运用了"悬置"的方法。

观察法是古典时期社会学家孔德、斯宾塞等人从自然科学中借用的方法，后来成为社会科学研究中获得第一手资料的重要途径之一。观察法通常伴随着半结构式访谈或者无结构式访谈一起进行，即通常以"送温暖"、探访的名义进入贫困户的家中，观察的范围也主要是贫困农民生活的微观环境，比如院落（大小）、房屋内部陈设、物品的摆放、家具家电（品牌、新旧程度等）、厨房、卧室等生活区。为了更详尽地记录被研究者的生活现场，在征得同意后，笔者通常还对其生活空间进行了拍照，以便在后期进行对照和资料的整理。

三、有他人在场的深度访谈

访谈法同样是获得一手研究资料的重要方法，也是本研究中使用最多的方法之一。访谈的目的在于"深入事实的内部"，同时深入受访者的意义世界，进而达到对他们的生活状态及行动逻辑的深度理解。

何谓深度？文格拉夫认为，"深度"了解某事乃是要获得关于它的更多的细节知识，是指"了解表面上简单直接的事情在实际上是如何更为复杂的"，以及"表面事实"是如何极易误导人们对"深度事实"认识的。[①]

文格拉夫强调了更为丰富的细节知识和事实之间的意义关联。但在杨善华、孙飞宇看来，上述对于"深度"的理解并不全面，他们主张用格尔茨的理论进行深度理解，"研究者要进入被访者的日常系统中去，必须以他们用来界说发生在他们身上的那些事的习惯语句来表达"[②]。

[①] Tom Wengraf, *Qualitative Research Interviewing—Biographic Narrative and Semi-structured Methods*, London: SAGE Publications, 2001.
[②] 杨善华、孙飞宇：《作为意义探究的深度访谈》，《社会学研究》2005 年第 5 期。

需要指出的是，由于笔者进入调研的村庄和农民家中时，往往被认为是农村社会的"局外人""客人"，因此没有当地村干部或者熟人的陪同，单独进入研究对象的生活场域几乎是不可能的，这也是访谈总有他人在场的一个现实原因。

在有的研究者看来，他人在场在一定程度上是一个影响变量，一定程度上可能影响到受访者的答案，甚至会对访谈本身造成干扰。尤其是当陪同的人是当地的村干部、扶贫书记等具有一定"身份"的人时，受访者要么会"哭穷"以获得更多的同情及扶贫资源，要么会故意迎合在场的"他人"，说好听的话或者隐瞒真实想法。

对于这种无法避免的"干扰"，笔者认为，现象学社会学提倡的"直面现象本身"以及对于行动者意义的理解方法都十分有用，研究者对于上述可能存在的干扰因素的预估和专业敏感性都有助于排除上述干扰因素，进而获得关于事实真相和受访者内心真实意愿的准确了解。

第二节 贫困户生活的"物理空间"

> 要观察一个房子正在发生什么，一个上好的方法就是揭开其屋顶。如果要了解中国人，就必须揭开其屋顶，去了解房子里正在发生什么。前提是不打扰房子里的人。该方法被称为"偷窥"。
> ——《中国的乡村生活》[①]

在古典社会学家齐美尔看来，物理空间不仅为事物提供了场所，而且通过改变条件性因素制约事物的发展。此后，"空间"连同时间维度共同成为社会学家共同关注的话题。那么，社会学者为何会对空间形式这一独立于社会事实之外的形式感兴趣？或者说，社会学为何要关注贫困户生活的"物理空间"？

齐美尔认为，社会学一定要通过空间形式、空间关系和空间过程才能完成从实际出发、面向经验事实的研究任务。在《社会学：关于社会化形式的研究》

---

① [美]明恩溥著：《中国的乡村生活》，陈午晴、唐军译，电子工业出版社2012年版，第3页。

中，他是这样表述的：

> 社会学上的兴趣只有在一种特殊的空间位形发挥作用的点才与迄今为止所观察的种种现象相联系，而在另一些现象中，社会学上的重要东西存在于事件过程中，在一个群体的空间规定性通过它的真正社会学的形态和能量而获得的作用中。①

就本书而言，物理空间不仅是贫困户（行动者）展开其日常生活的场域，同时也是农村内部贫富分化的表现。

一、院落及房间陈设

北方农村，通常每家每户都会有一个院落，大小不一，这是区别于南方农村的地方。院落是农民私密生活空间与外部街道之间的私人区域，其功能主要是放置生产工具、生活用品等，而院墙、门楼等是保障家庭私密性的重要组成部分。

20世纪90年代，伴随着农民外出务工以及家庭经济状况的好转，农村的住房大多经历了更新换代。之后，家庭富裕的农户甚至在院里盖起了二层小楼；许多家庭也重新翻修了住房，重建了门楼。许多家庭在预算有限的情况下，哪怕减少在住房翻新方面的费用，也要花重金装修门楼，其重要性可见一斑。熟悉农村情况的人都会知道，在这看似荒诞甚至让人费解的行为背后体现的是门楼的重要性（代表了这个家庭的"脸面"及其在村子中的地位）。因此，原来通过农户的门楼外观就能区分出村中贫困户与一般农户、富裕农户的所谓"经验"，如今则行不通了。② 只有走进院落才能看出贫困与富裕之家的区别，一见分晓。

结合多年来笔者在农村调研和走访的所见所闻，可以将贫困户的物理生活空间分为两大类：凌乱型与简单型。

---

① 刘少杰：《从物理学到现象学：空间社会学到知识基础转移》，《社会科学战线》2019年第9期。
② 2015年之后，随着精准扶贫政策的持续推进，地方扶贫办联合住建部门对村中部分贫困户的住房进行了改建，解决了少部分危房问题，贫困户的住房、门楼等得以部分改善。

（一）凌乱型

根据长期到农村调研的经验，笔者发现，家中凌乱的农户不一定都是贫困户，但是贫困户的家里十有八九是脏、乱、差的。只有极个别的家庭虽然陈设简单，但还能保持基本的卫生和干净。

所谓凌乱，是指特定空间内各类物品呈现出的状态，通常是指物品杂乱无序地堆放、长期缺乏打理而造成的一种视觉直观印象。

2019年暑期，笔者带着学生到距离郑州一个小时左右车程的豫东某地调研。在村干部的带领下，在两天内对该村40多户贫困户逐一进行了走访。有些家庭的住房明显是近期刚翻修过，从外面看起来像是富裕农户，可是等进到院子里，却发现偌大的院子里杂乱无章。生活用品、生产用品胡乱堆在一起（一堆鞋子堆放在院内一角，院子中间正晾晒着花生、玉米等，在靠近墙角的绳子上搭着夏季的衣物）。客厅内更是乱得下不去脚。虽然也有沙发、电视、空调等现代化的物品，可是桌椅上的灰尘以及房间内胡乱堆放的杂物让人难以直视。

之前，在与村干部和扶贫干部聊天的过程中不止一次听到他们在扶贫实践中遇到的、令人啼笑皆非的事例，其中就包括对贫困户家庭卫生状况的"吐槽"。"M家脏得都下不去脚"，"某贫困户懒得很，家里的卫生从来不打扫，臭气冲天"。在实际的入户调研中，笔者发现，上述极端的例子（脏）还是少数，但是凌乱却是大多数贫困户家庭的共同特征。凌乱既反映了物理空间内行动者不良的行为习惯，同时也反映了行动者精神世界的贫乏。

（二）简单型

简单型是农村贫困户家庭内部物理空间的另外一种类型，在整体中占少数，该类型多见于老人贫困户。

老人户的存在源于农村社会的分家制度。老人户是家中子女成年之后从原有的大家庭中分离出去形成的，表现为家庭户口本上仅剩下年迈的原户主夫妇。调研中得知，随着近些年精准扶贫帮扶力度的加大，许多老人特意让家中子女的户口单列出去，为的是能够被列入贫困户，进而享受贫困户的待遇。精准扶贫阶段农村各地老人户的比例都有所增加。

根据生命周期理论，个体进入老年期后，劳动力逐渐丧失，同时原有的依靠土地耕作或者外出打工获得的收入都会逐渐失去，其生活来源要么依靠子女的接济，要么依靠原有的个人积蓄。这也是为何许多老人户都被列入贫困户的根源。

因年老而产生的贫困户和其他类型的贫困户还有一定的区别。他们大多比较节俭，有良好的生活习惯。因此，他们的内部物理空间呈现不同于一般贫困家庭的"简洁、干净"的特点。

2017年暑期，笔者到濮阳F县调研，其中一名70多岁老人的家庭内部陈设让人印象深刻。两间平房内陈设非常简单，一张四方桌、一张木板床，地面还是没有经过硬化的土面。但是即便如此，看起来有些年代的桌子上还是收拾得很整齐，东西摆放有序，床上也很干净，很少见的粗布床单以及棉花被子叠放也十分整齐。可以看出，贫穷，并不必然导致凌乱。在物质较为匮乏时，仍然保持讲究和干净是一种难得的品质和素养。

二、物理空间所蕴含的日常生活实在

在空间社会学家看来，物理空间既构成了行动者日常生活的环境，同时也影响和形塑了行动者的行为习惯、生活实在以及精神世界。

在精准扶贫的过程中，为了更好地衡量扶贫的成效以及判断贫困家庭是否真的贫困，中央曾经提出过"两不愁三保障"这一具有可操作性的指标。所谓的"两不愁"，是指吃饭、穿衣不愁，"三保障"是指就医、就学、住房有保障。

（一）习惯与日常生活实在

对于传统社会的农民而言，日出而作、日落而息是千百年来为适应农业生活而形成的生活方式。物质生活的贫乏也就造成了农民生活之简单、粗放的特征。尽管改革开放极大地改善了农民的物质生活及其生活环境（物理空间），但是长期以来形成的习惯，使得许多家庭难以做到"生活的品质化"和生活空间的"功能分化"。

何谓"生活的品质化"？简言之，即有品位、上档次的生活。在农村人眼里，城市人的生活即是有品质的生活。现代化的家具、家电，豪华的室内装修，有明确功能分区的住房（卧室、客厅、餐厅等），成为近年来农村年轻人结婚时的必备条件。除此之外，许多女方还要求男方在县城买房、买车等。这都体现了新时代农村年轻人对于现代化城市生活的向往。

然而，当年轻人在向城市的生活方式看齐和赶超的过程中，他们的父辈，即那些上了年龄的农民，还在相当大的程度上遵循着原有的生活方式。一方面，有限的经济收入限制了他们的消费能力，另一方面长期以来形成的生活习惯也成为他们突破原有生活方式的阻碍。其中，物理空间的凌乱在很大程度上体现的就是习惯的力量。从"没有时间收拾"到"懒得收拾"反映的就是长期以来的"习惯成自然"。

在调研中不止一次听到这样的说法，"农村人嘛，没有（城里人）那么讲究""孩子多、家里活多，根本顾不上"等等。"不讲究""顾不上"的背后，一方面反映了农民家庭的客观现实。保持家庭内部的卫生通常是女主人家务工作的重要内容。在农村耕作方式还没有大范围实现机械化之前，农村妇女通常也是家里的主要劳动力，农忙时下地干农活，同时还要兼顾家务、照顾子女等。在此情形下，收拾家务自然就被放到了较为靠后的位置。然而，这另一方面也体现了农民对于生活品质较低的要求。只有当吃饭、穿衣等基本需求满足之后，个体才可能有更为高级的需求。这一点早在马斯洛的需求层次理论中有所解释。所以，贫困户家中的物理空间呈现的不仅是物质的贫困，还有精神层面的贫乏。

（二）实用动机及贫困户的自然态度

费孝通在《乡土中国》中写道：城里人看乡下人土气，那是因为不理解他们所处的环境和土地对于乡下人的重要性（"土地是乡下人的命根"）。同样，作为旁观者的我们，在看到贫困户家中凌乱的物品摆放和无序的物理空间时，通常会根据自身的经验进行解释，认为这证实了贫困户的"物质贫困"与"精神贫困"。然而，换个角度来看，凌乱的空间陈设一定程度上具有实用的功能。

笔者在2017年夏天到河南濮阳县一户农民家里。他家仅有一间平房和一个不大的院落。房间对角墙上拉了一根绳子，上面挂了几件夏天里换洗的衣服。简易的木床上有一个粗布床单，上面铺着凉席，还有一个看起来皱巴巴、脏兮兮的枕头。两边墙上有许多钉子，上面挂着各种日常生活用品，有塑料袋、挂历还有其他杂物。房间里还有一个陈旧的大衣柜，看起来颇有些年头了。绳子给予笔者的印象最为深刻，对于那个贫困户而言，那条绳子具有强烈的实用功能，或许也因此忽略了它可能带给他的其他方面的影响，比如不够美观或者行动不便等弊端。

正如舒茨所言，实用动机支配着个体对于日常生活世界的自然态度。舒茨在《论多重实在》中写道："我们生活于其中的世界是一个完全得到限定，并且具有明确属性的客体构成的世界。我们在这些客体中运动，它们抵抗我们，我们也可以影响它们。"①

对于贫困农民而言，他们生活于其中的世界同样也是一个由明确属性的客体构成的世界。那些具有明确属性的客体即他们生活于其中的物质生活世界，包括其住房、院落、物品陈设等内容。因此由这些客体所构成的日常生活世界构成他们自身的运动和与他人互动的舞台。在此之中，支配他们行动逻辑的是实用动机，这同时也构成了他们对待其日常生活的自然态度：见怪不怪或者视而不见。

第三节 贫困农民的日常生活：一日三餐

一、农民饮食结构及饮食内容的历史演变

从事社会史的研究者认为，普通民众的饮食状况是社会文明演进的标志要素之一。农民作为社会生活的底层群体，其饮食结构、营养状况都体现出社会和经济的发展轨迹以及该群体的阶层地位。

研究者结合史料详细分析了英国中世纪晚期农民的饮食结构。研究发现，在14世纪的英国，谷物是下层阶级食物的基础，只有那些农民中的上层人群才能消费一些小麦，其余的农民即便自己种植小麦，通常也不舍得自己消费，而是把大部分拿到市场上出卖以换取货币，满足其他生活用品和生存的需要。②此外，在农民的饮食中，谷类食物比例的变化体现出阶层的分布以及地区的差异。如，英国南部和东南部是重要的小麦主产区，该地区农民的食物种类和饮食结构更为丰富，饮食质量显著提高。

---

① ［奥］阿尔弗雷德·舒茨：《社会实在问题》，霍桂桓译，华夏出版社2001年版。
② 郭华：《英国中世纪晚期农民饮食结构的变化》，《齐鲁学刊》2008年第3期。

14 世纪之前，农民饮食结构中缺乏动物蛋白类食品。一年只能吃到少量自制的腌肉，新鲜肉食品很少，主要靠豆制品和奶制品来补充蛋白质。14 世纪中期以后，随着土地经营模式的改变以及商品贸易的繁荣，农民饮食中动物类来源增加了。肉食品增加的同时，新鲜肉的烹饪方式也更加灵活多样。此外，中世纪晚期，英国农民食物构成中饮料和蔬菜的使用数量都有增加。饮食结构的变化反映出农民生活条件的改善和经济社会的发展。同时，农民饮食结构的变化也能促进一个国家和地区经济的发展和产业结构的改变。[①] 史料记载，民国前期农村居民的消费就已经趋向市场化。民国初年，山西武乡、五台两县农产品出售率高达 30% 以上。除了消费的市场化之外，饮食消费也体现出阶层分化的特点，如：太行四县富农与贫农之间的人均收入差距较大（前者为 19.59 元，后者为 6.398 元），在食用方面的人均消费支出分别为 4.922 元、2.995 元，占各自生活消费总额的 52.57%、46.8%。

　　就饮食结构来看，20 世纪 30 年代的晋南地区，农民的饮食主要以高粱和小米为主，即便是高粱面也仅限于午餐时食用，小米稀粥中加南瓜是早晚饮食的主要内容。[②] 处于社会底层的贫苦农民生活更加凄惨，如寿阳县长短工"食料以豆面、窝窝头、小米为主，白面只有在春节期间才能吃上两三顿，一年里最多吃上一两次"。即便这样的生活，在战乱时期也不能保证。

　　人类学和经济学也关注农民的饮食状况。有学者运用人类学的田野观察法详细考察了福建永春地区农民的日常饮食。研究发现，当地农民一日三餐有两顿粥饭，一顿米饭。无论是大米还是蔬菜大都来自自家种植。换言之，农民主要消费自己种植的粮食和菜蔬，内容因季节而有所不同。主人待客时会注重粥的稀稠。[③] 此外，当地还有一种所谓"游食"文化习俗，即邻里之间一起吃饭。一般农民家庭很少坐到一起吃饭，而是各自端碗到街头或者公众聚集区。

　　那么，当前我国农民的饮食有哪些特点？有研究认为，农民农业生产的多

---

① 贺文乐：《民国时期山西农民的粮食消费与饮食组合》，《中北大学学报（社科版）》2012 年第 6 期。
② 张稼夫：《山西中部一般的农家生活》，摘自千家驹：《中国农村经济论文集》，中华书局 1936 年版。
③ 陈志明：《福建农民的日常饮食：永春农村生活的个案研究》，《湖北民族学院学报（哲学社会科学版）》2018 年第 5 期。

样性与饮食的多样化和营养健康之间存在正相关的关系。[①] 该研究根据江苏、河南、四川三地 395 份对农民的调查发现,农民农业生产的多样化程度不高,平均生产 3.37 个食物品种,人日均摄入食物种类 3.34 个,在总摄入量中,畜禽肉摄入过多,奶制品、水产品摄入不充分,农民人日均通过摄入自产食物获得的营养不均衡:能量充足,但是蛋白质、脂肪、钙、镁、钾、维生素等营养素含量较低。

二、近年来我国农民的饮食结构及饮食消费情况——基于城乡比较的视角

以下数据来自《中国统计年鉴》(2021)、《中国农村统计年鉴》(2021)、《中国农村贫困监测报告》(2020)。粮食主要是指谷物、薯类、豆类。

数据显示,近年来我国农村居民人均粮食消费量明显高于城镇居民。具体而言,2014—2018 年,我国居民人均粮食消费量呈现逐年下降的趋势,2018 年之后又逐渐回升。以 2018 年为例,当年我国城镇居民粮食人均消费量为 110 公斤,同年度农村居民人均消费量为 148.5 公斤,全国的平均水平为 127.3 公斤。2020 年城镇居民和农村居民年度人均消费粮食分别为 120.2 公斤、168.4 公斤。农村居民对于粮食的消费量明显高于城镇居民是我国城乡地区在饮食消费方面的现实差异之一(见表 4-1)。

表 4-1 我国居民人均粮食消费量

单位:公斤

年　份	全国地区	城镇地区	农村地区
2014	141.0	117.2	167.6
2015	134.5	112.6	159.5
2016	132.8	111.9	157.2
2017	130.1	109.7	154.6

[①] 黄泽颖等:《农民的农业生产多样性对其饮食多样化和营养健康的影响》,《中国农业科学》2019 年第 18 期。

续 表

年　份	全国地区	城镇地区	农村地区
2018	127.3	110.0	148.5
2019	130.1	110.6	154.8
2020	141.2	120.2	168.4

蔬菜及食用菌也是农民日常饮食结构中的重要构成部分，其消费量是反映城乡居民日常饮食的另外一个重要指标。数据显示，2014年以来，我国居民对包括食用菌在内的蔬菜消费呈现逐年增长的趋势，同时城市居民的人均消费量明显高于农村居民。以2020年为例，当年城镇地区人均蔬菜消费量为109.8公斤，农村地区为95.8公斤，城镇居民和农村居民每人每天的蔬菜消费量分别为0.3公斤和0.26公斤。整体看来，农村居民的蔬菜消费量明显低于全国平均水平，而城镇居民对于蔬菜的消费量明显高于全国平均水平，城乡之间呈现较为明显的差异（见表4-2）。

表4-2 我国居民人均蔬菜及食用菌消费量

单位：公斤

年　份	全　国	城镇地区	农村地区
2014	96.9	104.0	88.9
2015	97.8	104.4	90.3
2016	100.1	107.5	91.5
2017	99.2	106.7	90.2
2018	96.1	103.1	87.5
2019	98.6	105.8	89.5
2020	103.7	109.8	95.8

肉类的消费主要包括猪肉、牛肉、羊肉，其中猪肉的消费比例最高。下列数据是上述三种肉类消费的总和。数据显示，2014年全国人均肉类的消费量为

25.6公斤/年，其中，城镇地区为28.3公斤、农村地区22.5公斤。截至2018年，我国居民肉类人均消费量呈现逐年增长的趋势（2018年达到最高值）。2019年、2020年则又逐年递减。但整体看来，农村居民对于肉类的消费整体上低于城镇地区的人均消费水平，同时也低于全国平均水平（见表4-3）。

表4-3 我国居民人均肉类消费量

单位：公斤

年　份	全　国	城镇地区	农村地区
2014	25.6	28.3	22.5
2015	26.2	28.9	23.1
2016	26.1	29.0	22.7
2017	26.7	29.2	23.6
2018	29.5	31.2	27.5
2019	26.9	28.7	24.7
2020	24.8	27.4	21.4

由表4-4、4-5可以看出，我国居民对于蛋类、奶类的人均消费量也呈现出明显的城乡差异。农村地区蛋、奶类消费量明显低于城镇地区的人均消费水平。以奶类为例，2014年农村地区的年人均消费量（6.4公斤）仅为全国平均水平（12.6公斤）的一半，同时远远低于城镇地区的消费水平（18.1公斤）。之后，农村居民对于奶类的消费呈现逐年增加的趋势，但是依然远低于城镇地区。

表4-4 我国居民人均蛋类消费量

单位：公斤

年　份	全　国	城镇地区	农村地区
2014	8.6	9.8	7.2
2015	9.5	10.5	8.3

续　表

年　　份	全　　国	城镇地区	农村地区
2016	9.7	10.7	8.5
2017	10.0	10.9	8.9
2018	9.7	10.8	8.4
2019	10.7	11.5	9.6
2020	12.8	13.5	11.8

表4-5　我国居民人均奶类消费量

单位：公斤

年　　份	全　　国	城镇地区	农村地区
2014	12.6	18.1	6.4
2015	12.1	17.1	6.3
2016	12.0	16.5	6.6
2017	12.1	16.5	6.9
2018	12.2	16.5	6.9
2019	12.5	16.7	7.3
2020	13.0	17.3	7.4

通过对2014—2020年统计数据的梳理可以看出，我国居民的饮食水平和饮食结构有较为明显的城乡差异。农村居民对于蔬菜、肉、蛋、奶等食品的消费整体上呈现逐年增长的趋势，这反映了近年来农民物质水平的提高和生活水平的逐年改善。但是横向来看，农民对于蔬菜、肉、蛋等食品的消费量不仅低于全国城镇居民的平均水平，而且低于全国平均水平。这反映出城乡居民饮食结构和生活水平的明显差异。

然而，统计数据反映的是城乡居民之间在饮食方面的客观差异。那么贫困户的日常饮食又是什么状态，与农村中一般农户之间有哪些差异？以下将结合实地调研数据以及访谈资料进行说明。

三、贫困户的一日三餐——基于访谈资料的分析

俗话说，民以食为天。自古以来，吃饭问题就是头等大事。因此，让老百姓吃饱饭是精准扶贫阶段政府首先要解决的问题，也是扶贫检查首先考察的目标。进入21世纪之后，随着我国经济的快速发展，农民的吃饭问题在全国范围内得以基本解决。

（一）一位农村独居老人一日三餐

访谈时间：2019年7月22日

访谈对象：豫西Y县S村贫困户W某，68岁，独居老人

问：您平时都吃啥？

答：一个人吃饭，凑合哩。馍、菜、汤为主。

问：早上吃点啥？

答：面疙瘩汤，就着白馍。

问：有菜不？

答：吃点咸菜。

问：晚上呢？

答：还是喝汤（稀饭），有时候会炒点菜。

问：平时出去吃饭不？

答：很少，谁家有红白事了会去吃桌。

问：多久吃一次肉？

答：两星期左右吧，也不一定。

问：平时能吃饱饭不？

答：能，现在比以前强多了。能吃饱，饿不着。

问：平时买菜不？

答：也买，不经常买。菜老贵。

问：自家种的有菜吗？

答：以前有菜地，夏天会种些豆角、茄子、辣椒。现在身体不好，种

不动了。

　　问：您估算一下每个月在吃饭方面大概花多少钱？

　　答：没算过，得百十块吧，有时候多，有时候少，不一定。

　　问：您觉得现在的生活咋样？

　　答：生活好，不愁吃，不愁穿，国家的政策好，每个月还给我们贫困户发钱哩。

2019 年 Y 县贫困线是年人均收入 3 800 元。该贫困户没有享受低保，但有养老金每月 105 元，此外还有孝心基金。

访谈对象的一日三餐一定程度上反映了豫西地区的饮食习惯，即以面食为主，早上面疙瘩汤，中午面条，晚上小米稀饭。中午可能会吃些蔬菜，早晚主要是咸菜或者凉拌菜等。这其中既有根深蒂固的饮食习惯，同时也体现出收入水平、经济条件对于饮食结构的影响。

（二）对于一线扶贫干部的访谈

扶贫干部 L 某，39 岁，Y 县统计局一名主任科员，2018 年起在 L 镇包村扶贫，作为第一书记负责 Z 村的脱贫攻坚工作。L 是当地人，对于该地区的饮食习惯和风土人情较为熟悉。

　　问：L 书记，您好，能否请你谈一下贫困户的日常生活，比如日常饮食情况？

　　答：现在贫困户不比从前了，大多数都能吃饱饭，极少有饿肚子的情况。平常吃得都不差。

　　问：他们一日三餐通常都吃些什么呢？和一般的农户在吃的方面有区别吗？

　　答：咱这里的老百姓一日三餐吃得都差不多，主要是面食，如馒头、面条之类的吃食。米饭吃得相对少些。平时想吃肉啥的也都能吃得起。

　　但是区别还是会有的。比如，家庭富裕点的可能吃肉的频率要高一些，可以做到想吃就吃，但是贫苦户可能会抠一些，不太舍得经常买菜、买肉。此外，贫困户的家庭在吃饭方面比较对付，经常凑合，比如中午吃饭剩点菜，晚上凑合着热热就吃了。这当然也有习惯的问题，老年人通常比较节约，剩菜剩饭不舍得倒掉。年轻人一般都不爱吃剩饭剩菜。也有极个别的家庭，家里困难的，吃饭就仅限于能吃饱吧，吃好就谈不上了。

问：您觉着当地老百姓一般用于买菜、吃饭方面大概每月能有多少开支？

答：这个还真不好说。家里困难一点的家庭很少买菜，吃的菜大都是自家种的，吃饭的开支主要是买些食盐、调料、酱油、醋之类的，或者买点肉。咱这里的老百姓大都不舍得花很多钱买菜，买水果方面花的钱也非常有限。家庭条件好的，平时吃的和城市里差不多，一顿饭炒几盘的也比较常见。最穷的家庭一个月吃饭方面也得百十块吧，毕竟现在啥东西都涨价了，比以前贵多了。每月用于吃饭消费大多在100—300元的家庭比较多。

由上面两份访谈资料可见，一个地区农民家庭的饮食习惯确实存在较强的相似性，从一日三餐的内容上看，饮食比较接近。但同时也能够看出不同经济条件的家庭在饮食方面也存在一定的差别，比如，贫困家庭的一日三餐，蔬菜和肉类占比较小，而且饮食比较单一，花样少。吃饭主要以满足温饱为主，饮食中的健康和营养等则无法兼顾。

四、濮范台地区贫困户的一日三餐调查

调研时间为2019年7—8月。其中，一般贫困户106户、低保贫困户111户、五保贫困户13户。调研主要围绕贫困户的一日三餐展开。

（一）早餐吃什么

有278户（96.9%）的受访者平时的早餐以稀饭为主，仅有9户（3.01%）受访者回答早餐食用"豆浆、牛奶或者其他购买的食物"。273户（95.1%）回答早餐一般吃馒头，仅有14户（4.9%）的受访者早餐食用"面包、油条或者其他购买的食物"。

（二）午餐吃什么，怎么吃

90.9%（261户）回答午餐都是自制，仅有9.1%的农户回答午餐在外面买

着吃，午餐主要包括面条、馒头和米饭。其中，超过七成（78.7%）的贫困户中午吃面条，一成多（13.9%）的家庭中午吃馒头，仅有少部分家庭（7.3%）中午吃米饭。关于午餐吃什么菜，59.9%的家庭回答一般吃素菜，40.1%的受访者回答吃"荤菜"。此外，有54.4%的受访者回答"午餐一般有汤"，45.6%的回答"午餐没有汤"。

（三）晚餐吃什么

93.4%的贫困家庭晚餐自己做，仅有6.6%的受访者回答"出去买着吃"。晚餐的内容包括稀饭、面条、米饭、馒头、面包、油条等，其中，37.6%的家庭晚饭吃稀饭，44.6%的家庭晚餐吃馒头，15%的家庭晚餐是面条，吃米饭和面包、油条的较少。此外有82.9%的受访者回答晚餐是素菜，仅有17.1%的受访者家庭晚餐有荤菜。

（四）贫困户每月饮食支出多少

就饮食支出而言，在上述287户贫困家庭中，有12.2%的家庭每月支出在100元以下；29.3%的家庭每月支出在100—300元，36.6%的家庭月支出在300—500元，月消费在500—1 000元的家庭占比15.3%，1 000元以上的家庭占比6.6%。整体看来，每月家庭在饮食方面的支出主要集中在100—500元，此类家庭占全部贫困家庭的65.9%。

综上可知，濮范台地区贫困家庭的饮食特征。

（1）大多数贫困家庭的一日三餐以面食为主，而且是在家自制，较少外出购买；

（2）馒头、面条是多数家庭的主食，除此之外三餐中还有素菜、咸菜等，荤菜也有，但不常吃；

（3）稀饭、馒头、面条是多数家庭的日常饮食，牛奶、豆浆吃得较少。

从微观层面看，个体的饮食习惯受到家庭的经济状况、消费习惯以及父母饮食习惯的影响；而在中观层面和宏观层面，个体的饮食习惯则受到地方饮食习俗、地域农作物种植结构，以及地方、国家经济发展水平等多种因素的影响。通常，大到一个地区，小到一个家庭，其成员的饮食习惯具有较强的相似性。如同孟德斯鸠在《论法的精神》中所言，个体的行为、习俗在一定程度上与其所处的地理环境有较为密切的联系。环境塑造人，同时也会影响一个地区人们的饮食习惯。由此，当我们研究贫困户的日常饮食的时候，需要注意习惯带来的影响。

五、基于收入限制的饮食支出

由表 4-6 可以看出，2019 年我国扶贫重点县农村常住居民的人均消费支出为 10 028 元，其中食品烟酒的支出为 3 139 元，占全部消费支出的 31.3%。需要指出的是，在统计年鉴中，食品和烟酒支出是混在一起的，因此无法准确得知扶贫重点县农民在饮食方面的详细支出，同时也无法准确计算贫困户用于饮食的支出（统计数据中没有区分贫困家庭和非贫困家庭）。

表 4-6 2019 年扶贫重点县农村常住居民消费结构

指标名称	水平（元）	构成（%）	名义增速（%）
人均消费支出	10 028	100.0	12.2
食品烟酒	3 139	31.3	11.3
衣着	544	5.4	12.7
居住	2 165	21.6	9.8
生活用品及服务	585	5.8	8.5
交通通信	1 189	11.9	14.2
教育文化娱乐	1 176	11.7	15.5
医疗保健	1 065	10.6	16.6
其他用品及服务	165	1.6	10.7

数据来源：《中国农村贫困监测报告·2020》

结合笔者在各地农村调研所获取的访谈资料可以得知：（1）在扶贫重点县内，农民每月人均用于食品及烟酒的支出约为 262 元，贫困户家庭的人均支出要比该数据更低一些；（2）受收入水平的限制，农民用于吃、住、交通方面的支出相对较多,尤其是饮食烟酒支出占比最高;(3)农民用于教育、文娱及医疗保健的支出逐渐增加。

可以肯定的是,在收入有限的情况下,农民在饮食方面的支出在短时期内不会有太明显的增长。这一方面是受到饮食习惯和饮食结构的影响,另一方面是目前多数农民家庭已经解决了吃饱饭的问题。至于饮食结构的改变,比如减少对于肉类等高蛋白的消费,增加对蔬菜、有机食品的消费支出则还需要借助收入的大幅度增加以及饮食观念的根本改变。

第四节　贫困农民日常生活的物理空间:住房

粗略估算,笔者近五年来走访、调研的贫困户应该有几百户之多,涉及山东、河南等地区。最为直观的印象是,绝大多数贫困户家中都有一个共性的特点,那就是脏与乱。物品堆放杂乱无序,房间内无从下脚。有人说,若想知道谁家是贫困户,在村中走一遭,看看住房就知道了。可见,房屋环境、其中陈设既是贫困户生活的直接体现,又关系到其生活的品质。脏乱差的环境中不仅会塑造行动者的行为习惯,同时还会固化行动者的思维。本节主要结合农民住房的演变,以住宅社会学的视角,透视农村贫困阶层的客观生活世界。

一、改革开放以来农民住房的变迁

在我国各地农村,改革开放40多年来最大的变化应该是农民住房的改善。20世纪80年代初家庭联产承包责任制的推行让广大农民摆脱了之前普遍贫困的状态,家庭收入增加之后许多农户首先选择重建住房。这既有子女成家需要新房的刚性需求,同时也有农民改善生活条件、提升生活质量的弹性需求。所以在20世纪80年代,农村兴起了第一波"建房热"。

相关数据显示,在改革开放之初(1978年),当时农村新建住房面积为1亿平方米,农村居民人均住房面积为8.1平方米。1988年,农村新建住房面积为8.45亿平方米,人均住房面积几乎翻了一番(16.6平方米)。到1998年,农村新建住房8亿平方米,人均住房面积增加到23.3平方米。截至2009年,农村人均住房面积增加为33.2平方米,较之于1988年,人均住房面积又翻了一番(见表4-7)。

表4-7 农村新建住宅面积和居民住房情况

年份	农村新建住房面积（亿平方米）	农村居民人均住房面积（平方米）	年份	农村新建住房面积（亿平方米）	农村居民人均住房面积（平方米）
1978	1	8.1	2004	6.8	27.9
1988	8.45	16.6	2005	6.67	29.7
1998	8	23.3	2006	6.84	30.7
1999	8.34	24.2	2007	7.75	31.6
2000	7.97	24.8	2008	8.34	32.4
2001	7.29	25.7	2009	10.21	33.2
2002	7.42	26.5	2010	9.63	34.1
2003	7.52	27.2	2011	10.26	36.2

除了面积不断增加之外，农民住房的质量也得到大幅改善。从房屋的材质来看，在20世纪80年代之前，农民的住房以土坯房、草房、石板房为主。家庭富裕一些的农户可能有部分砖瓦墙，但这在农村住房中的比例是相当低的。有学者调研发现，2000年以来，农村的草房和石板房的数量大幅下降，草房的数量由16.06%降至3.11%，石板房的数量由17.10%降至5.18%。[①] 此外，钢筋混凝土结构和砖木结构的住房大幅增加。1990年底，农村人均拥有砖木结构的住房9.84平方米，钢筋混凝土结构的住房1.22平方米。2011年，人均拥有砖木结构的住房为15.92平方米，而钢筋混凝土结构的住房为16.48平方米。此外，农村居民住房的价值也不断上涨，从1990年的44.6元/平方米上涨到2011年的654.37元/平方米（见表4-8）。

---

① 王任、冯开文：《改革以来农民住房的改善及其原因探讨——基于返乡调查数据的实证分析》，《中国农业大学学报》2017年第3期。

表 4-8　1990—2011 年农村居民家庭住房情况统计

指标＼年份	1990	1995	2000	2005	2010	2011
本年新建房屋面积（平方米/人）	0.82	0.78	0.87	0.83	0.8	1.3
价值（元/平方米）	92.32	200.3	260.23	373.31	673.35	804.51
年末住房情况面积（平方米/人）	17.83	21.01	24.82	29.68	34.08	36.24
价值（元/平方米）	44.6	101.64	187.41	267.76	391.7	654.37
钢筋混凝土结构住房面积（平方米/人）	1.22	3.1	6.15	11.17	15.1	16.48
砖木结构住房面积（平方米/人）	9.84	11.91	13.61	14.12	15.24	15.92

农村住房的整体情况因地域而有所不同。有学者研究发现，从地区分布来看，东部地区因经济发达，人均拥有的住房面积、住房价值都远远高于中西部地区，且相关配套设施都比较完备。东北地区农民的住房结构在全国范围内属于最差，人均拥有住房面积最少，平房、老房子最多。[①] 此外，西部地区农村居民住房的结构比较差，超过 60%的住房为平房，砖混、砖木结构居多。不同省份之间住房也存在较大的差距，江浙一带农户拥有水冲式厕所的比例远高于新疆、宁夏等地。

尽管农村住房存在地域和省际的差异，但整体看来，改革开放 40 年以来，农民的住房情况还是发生了天翻地覆的变化。研究发现，进入 21 世纪之后，许多地区的农村楼房比例明显上升，别墅也开始陆续出现。农民用于住房方面的消费支出也呈现出逐年增加的趋势。

以《中国农村贫困监测报告·2020》、《中国统计年鉴·2021》的数据为

---

① 顾杰：《新农村建设背景下中国农村住房发展：成就与挑战》，《中国人口·资源与环境》2013 年第 9 期。

例，2019年扶贫重点县农村居民用于住房方面的支出为2 165元，占全部消费支出的21.6%，比上一年增长9.8%。2020年，全国居民人均消费支出为13 713.4元，其中居住支出为2 962.8元，占比21.6%（低于食品烟酒支出32.7%的比例）；2020年河南省人均消费为12 201元，用于住房的支出为2 770.1元，占比22.7%。① 由此可见，即便是贫困地区，农民用于住房的消费依然是诸多消费支出中的重要一项，支出金额及支出比例反映了农民住房条件的不断改善。不可否认的是，当发达地区的农村以及农村中的富裕农户建房目的已经转向享受时，贫困地区的贫困农户，其住房的改建还主要是为了满足其生存的需要。农村住房越来越呈现出地区之间、阶层之间的差异，住房的阶层特征越来越明显。

二、住房作为物理空间的社会学意义

在社会学者看来，住房不仅仅是财产的重要部分和栖身的场所，同时还包含了居住者对于自然环境、人文环境、交往对象和生活方式的选择。② 住宅面积的大小、室内的陈设、所处的地理位置等都在很大程度上反映了住宅所有者的经济收入、阶层地位以及格调品位。正是在这个意义上，从20世纪四五十年代开始，住宅社会学作为社会学的分支学科出现了。因其区别于住宅学、城市规划等学科而在学术界占得一席之地。因此，从社会学视角关注住宅的社会学研究开始进入学界视野。

那么，在社会学视域中，住房的意义究竟包括哪些方面？社会学视角又是如何看待住房这一物理空间呢？

首先，从功能论和系统论的观点来看，住宅各要素之间是一个有机联系的整体。

其次，居住空间体现了阶层分化与社会分层。比如在一些生活质量和居住质量十分类似的社区中，集中居住着在生活条件和生活成本上大致相似的人群，并且在这样的封闭性社区中人们逐渐养成了大致相似的生活方式和地位认同，

---

① 国家统计局住户调查办公室：《中国农村贫困监测报告·2020》，中国统计出版社2000年版。
② 刘精明、李路路：《阶层化：居住空间、生活方式、社会交往与阶层认同——我国城镇社会阶层化问题的实证研究》，《社会学研究》2005年第3期。

从而在更广泛的意义上产生了相对封闭的社会阶层群体。[1]

有研究者认为,住宅内部的功能分区一方面与家庭的功能密不可分。在传统社会,家庭具有生产功能、生育功能、性生活功能、情感交流功能以及抚育与赡养功能。因此,家庭住宅要满足上述功能,至少需要有院落、厨房等功能分区。另一方面,家庭还需要根据人口的数量以及关系类型设置适合的房间,如此才能满足家庭内部成员不同的需求。

然而,对于贫困户而言,住房的功能分区还只是最基本和粗浅的。

在当前农村,社会分化也不断加剧,表现为住房的改建以及在不同阶层之间住房的巨大差异。中等收入农户、富裕农户的住房,无论是其外观、住房的内部陈设、家庭内部的功能分区,还是现代化程度都已经比较接近城市居民的居住标准。然而,低收入人群、贫困户的住房大都还存在老、旧、脏、乱差等特征。尽管扶贫阶段有部分贫困户的住房问题得到一定程度的改善,但是从整体上看,脱贫之后的贫困户家庭住房的条件与村中其他非贫困户相比还存在较大的差距,依然处于当地较低水平。

三、农民拥有耐用消费品情况

耐用消费品包括彩电、固定电话、手机、电脑、摩托车、电瓶车、淋浴热水器、小汽车等。耐用消费品的拥有比例可以反映出农民家庭的生活状况,同时也构成了他们所赖以生存的物质生活世界。

数据显示,2006年,全国农村居民平均每百户拥有彩电87.3台、固定电话51.9部、手机69.8部、电脑2.2台、摩托车38.2辆、生活用小汽车3.4辆。彩色电视机在农户中的普及率超过80%,手机普及率接近70%,摩托车拥有率接近40%。同一时期,电脑、汽车的拥有率相对较低。

2016年,全国农村家庭每百户拥有小汽车24.8辆、摩托车(电瓶车)101.9辆、淋浴热水器57.2台、空调52.8台、电冰箱85.9台、彩色电视机115.2台、电脑32.2台、手机244.3部。10年之间,农村家庭拥有耐用消费品的比例大幅提高,尤其是电视、空调、冰箱、手机的拥有率增加更为明显。农户拥有耐用消费品的数量越多、比例越高,意味着农民家庭和城市居民家

---

[1] 周运清:《住宅社会学导论》,安徽人民出版社1992年版。

庭之间的物质生活水平的差距在逐渐缩小，反映了农民生活质量的大幅提高（见表4-9）。

表4-9 全国、河南农户拥有耐用消费品情况

指标	全国 2016年	全国 2006年	河南 2016年	河南 2006年
小汽车（辆/百户）	24.8	3.4	24.8	2.6
摩托车、电瓶车（辆/百户）	101.9	38.2	130.6	35.7
淋浴热水器（台/百户）	57.2	—	57.0	—
空调（台/百户）	52.8	—	70.5	—
电冰箱（台/百户）	85.9	—	84.7	—
彩色电视机（台/百户）	115.2	87.3	113.7	86.1
有线电视接收比重（%）	57.3	44.3	51.7	25.9
卫星接收比重（%）	40.5	—	44.5	—
电脑（台/百户）	32.2	2.2	37.5	0.9
手机（部/百户）	244.3	69.8	242.7	71.2
上网手机比重（%）	47.8	—	48.0	—

注：按电视节目接收方式分的户比重是指使用不同电视节目接收方式的户数占拥有彩色电视机户数的比重；上网手机比重是指上网手机数量占登记户拥有手机总数的比重。

再看贫困地区农户耐用消费品的拥有情况。2013年，贫困地区农村家庭每百户拥有小汽车5.5辆、洗衣机65.8台、电冰箱52.6台、移动电话172.9部、电脑7.9台；到2016年，每百户拥有小汽车11.1辆、洗衣机80.7台、电冰箱75.3台、移动电话225.1部、电脑15.1台。到2019年，上述耐用消费品的百户拥有量分别为：小汽车20.2台、洗衣机90.6台、电冰箱92台、移动电话267.6、电脑17.7台。与全国平均水平相比，2019年贫困地区各项耐用消费品的拥有量仍低于2016年的全国每百农户所拥有的耐用消费品比例。由此可见，贫困地区与一般农户家庭仍然存在物质方面的差距。但纵向来看，随着精准扶贫的推进，贫困地区农户的物质生活水平呈现逐年提升的趋势（见表4-10）。

表 4-10 2013—2019 年贫困地区农户耐用消费品拥有情况

指标＼年份	2013	2014	2015	2016	2017	2018	2019
汽车拥有量（辆/百户）	5.5	6.7	8.3	11.1	13.1	19.9	20.2
洗衣机拥有量（台/百户）	65.8	71.1	75.6	80.7	83.5	86.9	90.6
电冰箱拥有量（台/百户）	52.6	60.9	67.9	75.3	78.9	87.1	92.0
移动电话拥有量（部/百户）	172.9	194.8	208.9	225.1	234.6	257.8	267.6
计算机拥有量（台/百户）	7.9	11.1	13.2	15.1	16.8	17.1	17.7

在调研地区，贫困户拥有上述耐用消费品的情况又是如何呢？调研发现，各地在审核贫困户资格时所遵循的一票否决原则中，包括家庭拥有小汽车这一项。也就是说，若农户家中有家用小汽车，则不能被评为贫困户，在审核时会被一票否决。这充分说明了，是否拥有家用小汽车在农村中是一个区分贫困与非贫困的重要指标。拥有上述物品的家庭至少在农村中属于中等偏上的家庭，体现了家庭的社会地位和经济实力。

贫困户拥有其他耐用消费品（日常家电）的情况从整体上看通常低于一般农户。根据调研推测，贫困户家中有彩电的比例大概超过 2/3，有空调和洗衣机的比例超过 1/2。

2019 年笔者在濮阳县调研时遇到一个典型案例。户主是一位 70 多岁的老人，我们到她家中探望，前些年她曾患有髋关节疾病，经手术置换后情况有所好转。她的两个儿子都在外打工，孙子在外地参军。家中情况看起来很糟糕，房间内除了一张床外，还有其他乱七八糟堆放的物品。我们看到房间内装有一台空调，随口问起，结果勾起了老人的伤心事。原来因为这台空调（孙子从外地回来时见老人房间内夏天太热，因此掏钱给老人安装了一台空调），村里取消了她贫困户的资格。老人说起来时还很气愤，但因并不清楚村里贫困户评定的条件和标准，最后只能不了了之。

需要指出的是，随着精准扶贫的结束以及乡村振兴战略的推进，目前贫困家庭的生活条件得到了明显的改善。贫困户拥有空调、洗衣机、电视等耐用消费品的比例越来越高。也就是说，贫困农民的物质生活世界在扶贫的过程中得以大幅度改善，他们生活世界中的现代化程度也随着收入水平的提高而不断改进。

第5章

贫困农民的精神世界

中国式现代化是物质文明和精神文明相协调的现代化。物质富足、精神富有是社会主义现代化的根本要求。物质贫困不是社会主义,精神贫乏也不是社会主义。我们不断厚植现代化的物质基础,不断夯实人民幸福生活的物质条件,同时大力发展社会主义先进文化,加强理想信念教育,传承中华文明,促进物的全面丰富和人的全面发展。

——党的二十大报告

严格意义上说,每一个个体都有其独特的精神世界,其中包括他所关注的事情,关心、在乎的人及人际交往的世界,包含其喜怒哀乐、爱恨情仇的感情世界,包含其兴趣、爱好、价值观等层面的主观世界等。从这个意义上说,我们永远也无法进入他人独特的"精神世界",即人与人之间似乎永远也无法相互理解。但社会学者从来都不信奉虚无主义的哲学,同时也不会让自己陷入不可知论。

因为,即便每个人有其独特的精神世界,但换个角度来看,社会中人与人之间的理解不仅是可能的而且是必要的。可能性在于,在特定的历史时期和区域内,人们共享一套较为接近的价值体系、语言符号及行为系统。这构成人际沟通和理解的基础和桥梁。必要性在于人的社会性。无论是手握财富的富人,还是家徒四壁的穷人,每一个人都有社会交往、社会互动等社会性的需求。在此过程中,人们达成理解、获得认同,形成认知与价值观,赋予他们的生活以特定的意义,形成其精神世界。

在前文阐述贫困农民群体物质生活世界的基础上,本章将尝试描摹不同类型贫困农民群体的精神世界，包括留守女性、留守贫困老人、精神疾病患者等。本章采用故事社会学的方法，通过知情人的讲述来发现不同类型贫困农民背后的意义世界，以个案反映整体，通过揭示若干具有代表性的贫困户的情感世界，为人们理解这个数量庞大的贫困人群提供参考。

第一节 贫困女性的意义世界：局限在村庄内的意义及其日常

一、虚空的意义世界及留守女性日常情感状态

众所周知，传统的农村是一个熟人社会，在同一个村庄内部，所有人几乎都彼此认识。如费孝通先生在《乡土中国》中所言，人们生于斯，长于斯，死于斯。年长的人看着年轻一辈从出生到成年，年轻人则在村庄内部完成他们对于人情世故从掌握、了解到熟练运用的全过程，这同时也构成农民意义世界的来源。

21世纪之前，村子是个有人情味的地方。那时候，还没有多少人外出务工，每个家庭大体上还是完整的存在。男主外，女主内，一如传统家庭分工模式。家庭的完整能够保证家庭内部情感关系的正常维系，如夫妻之间、子女之间、婆媳之间，虽然会有磕磕绊绊、家长里短，但因为朝夕相处，这些也构成了农民日常生活的底色，构成了他们感情生活的重要组成部分。在此基础上，邻里之间、亲戚之间也时常通过红白喜事、重大节日的走动、探访等实现相互之间的扶助以及人情的往来。以村庄为核心的人际交往使得人们之间的情感得以传递和维系。

然而，步入21世纪，当农民在土地里刨生存越来越不能满足日常生活的各项开支的时候，当打工成为一种潮流或者无奈之中的唯一选择的时候，无数村庄逐渐变成留守妇女、留守老人和留守儿童的聚集地。这几个群体也由此成为不同学科的众多学者持续关注的研究对象。

不仅年轻的后生们出去了，中年的甚至接近老年的男人们也出去了。这些外出务工的人通常都是一年才回家一次，而村庄里留下来的女人们如何打发她

们的日常时光？她们的情感需求又是如何被满足的？围绕上述主题，笔者在 Y 县针对留守贫困女性进行了多次访谈。以下是访谈的部分内容。

问："你平时是如何打发时间的？"

答："我啊，没事就看电视呗。经常在家一个人看一天电视，看的眼睛都疼死了。可是不看吧，又没事干。想出去转转吧，转一圈村里一个人都见不着。可着急，回来只好接着看电视。哎，跟我们年龄差不多的都出去打工了啊。在家待着可没意思。"

问："平时打麻将不？"

答："打啊。不打更没事干了。不看电视就去打麻将。一般都是跟些年龄比较大的人一起打，男的女的都有。村里别说二十多岁了，四五十的也都出去打工了。我两个孩子都在外面上学，家里就我自己。打麻将不是赌博啊，大了不敢打。就是一次几毛钱，图个乐嘛。"

问："多久和老公通一次电话？"

答："不一定啊，这个没准，反正没事谁也不跟谁打电话。俺们不像那些城里人，没事还跟老公聊聊天啥的，有啥聊的，还不够浪费电话费的呢。俺家那口啊，一般一年才回来一次。平常反正就不咋联系。"

通过这一段简短的访谈可以看出留守中年女性的生活常态。丈夫外出打工，长时间不在家，女人需要承担起家中的家务、料理地里的庄稼，照看子女、照顾老人。在这些事情忙完之后，面对的则是无尽的虚空和情感的空白。有时，甚至串门或者聊天都找不到合适的对象和去处。意义如何找寻？时间如何打发？于是电视和麻将就成了她们无奈之余的最佳选择。这看似悠闲舒适的背后，潜藏着严重的情感缺乏和感情危机。

二、留守女性之间的情感故事

在当前社会科学有关贫困的研究中，很少有涉及研究对象的情感生活的叙述或者描写。这通常被认为是文学家和小说家的事情。可是，即便是社会中最底层的存在，最为贫穷和卑微的人群，他们也一样有着自己的喜怒哀乐，有着自己独特的感情世界。通过这一维度，研究者可以接近他们的生活世界，了解其行动背后的逻辑。需要指出的是，这是农村留守贫困女性的代表。她们可能是边缘的，也是独特的。她们的故事引人思考。

文中两位主人公生活在豫西地区同一个小村庄内。N个头不高，微胖、略黑，属于在人群中不起眼的那类人，她虽长相一般，却有一副侠肝义胆。S是N家的对门邻居，是从较远的村子嫁过来的。她们各自有丈夫和子女。农闲时候，她们到处去打工，远处去过新疆摘棉花，近处到过洛阳、三门峡等地，什么活都干过。

故事得从N死了男人说起。大概5年前，N的男人在外打工时出了事故意外去世了。留下她和两个尚未成年的孩子。按理说，工伤事故应该会有一定赔偿的，可是，也许因为不知道如何维权，也许是事出有因，总之，N一分补偿款也没拿到。她硬是靠自己挺过了人生中的这个意外。因为家里劳动力去世，村干部把贫困户的名额给了她。

不知道从什么时候开始，这两个女人好上了。这在农村可是稀奇事。村里人总看见她们俩同吃同睡，形影不离。S的男人好吃懒做，也没本事。他们家的房子多年不修，早已破败不堪，N硬是帮着S和她的男人把新房子盖了起来。在盖房子期间，他们家人都吃住在N家。村里人闲来无事，总拿她们的事作为茶余饭后的谈资。

她们两个要好的事情传得三村五里都知道。也许是因为当事人不否认、不懊恼，嘻嘻哈哈，更或者是因为她们的善良和卑微让人心生同情。总之，周围的人并没有因为她们的另类而孤立或者疏远。相反，N家反而时常是大家愿意光顾的地方，她家里是大家闲暇时候聚堆打麻将或者八卦聊天的去处。

当听说这个有点喜剧色彩的故事时，我的内心充满好奇，同时也感慨这种不影响他人、不伤害社会的行为能够在乡土社会中存在。原以为，农村人会对这类事情嗤之以鼻。谁知道，听亲戚讲的时候，似乎周边的人都明白是怎么回事，却对这样的事情还挺宽容。当然，宽容中夹杂着戏谑和八卦。农村的精神生活原本单调，两个女人相好的事情给大家贫乏的生活增加了一丝亮色。这估计是大家乐此不疲、津津乐道的原因。

在近些年的农村调研中，笔者时常感慨农村人精神生活的贫乏。虽然这些年电视、网络、手机已经在农村广为普及，可恰恰是这些现代性的产物在很大程度上破坏了人与人之间的情感联系，使得在农村留守的女人、老人和孩子陷入电视、手机和网络的围城。

男人外出打工，女人留守在家，大把的时间无事可做，所以打麻将或者看电视就成为这些留守女人的不二选择。作为正常人，哪怕贫穷或者卑微，她们其实也是有情感需求的。男人常年不在家，即便在家往往也是无趣、木讷或者呆板的。女人之间的家长里短、茶余饭后的闲聊其实就是人们在熟人社会中交流情感的最重要方式，同时也能够多少满足她们的被忽视的、难以言表的情感需求。尽管这样的家庭表面上还维持着正常的形态，但是由于聚少离多，分处各地，原本亲密的家庭关系在无形中已经发生了变化。对于那些留守在家的中年妇女，她们的生理需求往往无法言说，性压抑非常普遍。对于亲密情感的需求只能通过其他的渠道得以弥补。上面两个女人之间的故事就是明证。

第二节 封闭的意义世界：不和人交往的"贫困户"

一、熟悉的陌生人：那个与世隔绝的邻居贫困户

"这家有人，就是平时都见不着，大多时候都关着门，不知道干啥去了。"在笔者的寒假调查中，对于这样一家，周围邻居这么说。紧闭的大门，仿佛在诉说着与人隔离的状态。无人问津，无人理睬？她的生活状态究竟如何？她的情感世界又是怎样的？

贺雪峰在《新乡土中国》中写道，如今的农村在某种程度上已经变成半熟人社会。所谓的半熟人社会，顾名思义，即熟人和陌生人各占一半。当多年后回到老宅，周边的面孔竟然有一大半是不认识的。"这是谁的媳妇，这是谁家的儿子"，当邻居大嫂给笔者逐一介绍的时候，我模糊的记忆里有些名字开始慢慢浮现出来。而上述案例就是从邻居那里无意中得知的。

大概10年前，她男人去世了。她有两个儿子，老大如今在 L 市开了个饭店，有车有房，老二在 L 市电脑公司上班。她男人在世时，老实巴交，不爱说话，看见人也不跟人打招呼。性格内向不说，为人还很古怪。平时他们一大家的事，都是她在张罗。别人都说她男人有点神经（精神不太正常），也不知是真是假。那时候，她见人还笑嘻嘻的，也跟人说话。可是自从男人死后，她就

不咋搭理人了。

她的大儿子去年刚成家，据说已经有了孩子。两个儿子平时都不怎么回来，就她自己一个人，有时候一大早就见她下地了，大半晌了才回来。吃饭也不怎么规律，经常凑合。二儿子如今应该也 30 多岁了，好像还没有对象。不知道是不是因为这个原因，她平时看见人跟没看见一样，谁也不搭理，大家慢慢地也就习惯了。

她没有被评上贫困户，村干部调查过，她大儿子在城里有车有房，所以按照这一条，她不符合。说她穷吧，她有两个儿子，应该不缺钱花。可是，从她的穿着打扮和她家的房子来看，看着是有点可怜，确切地说，她属于编外的"贫困户"。

二、敲开她家的门

在邻居对她的叙述中，我脑海中关于她的记忆逐渐恢复了。而她前半生的故事也是我儿时经常从母亲口中听到的故事之一。按照村里的辈分，她是我远房的本家婶子，我应该称呼她 F 婶。印象中的她，似乎不是邻居们描述的这样，见人就笑，整天乐呵呵的，还喜欢串门，她什么时候变成现在与世隔绝的"贫困户"呢？带着些许疑问，同时也带着对长辈的惦念和关怀，冬日午后，我敲响了她家的门。

离开家乡这么多年，变化最大的应该算是各家的大门了。中原地区的农民，大门是他们最为看重的部分，门楼气派与否，直接代表着这家人的脸面和在村里的地位。因为重要，所以即便是家境一般的农户也会尽全力把门楼修得好看、大气。当然，除此之外还包括住房的再建。且不说内部的装饰，仅从外表来看，如今村里两层小楼的家庭也是越来越多了。住房直接反映了近 20 年来农民物质生活的变化。一般来说，每家每户的门楼很类似，大都两米多宽，五六米高，外面贴上瓷砖，正门上方通常还会镶嵌一块"小康之家"或者"家和万事兴"之类的瓷砖牌匾。至于大门，左右两扇，平时都不怎么打开，只留中间一扇小门用于平时出入。如今，这样的大门楼在农村到处可见，基本成每家每户的标准配置了，所以，单从外表来看，基本看不出各家各户之间的区别。只有走进人家的院子内部，走进房间里，才能看出农村普通家庭与贫困家庭之间的差距。

凭着记忆，我还是找到 F 婶家的门。我敲了差不多有 5 分钟的样子，院子里的狗也已经叫了半天，终于听到有人出来开门了。

看到是我，F 婶很惊讶。我说这次放假回老家，想来看看她。她讪讪地说："我没事，来了就到家里坐坐吧。"我跟着她进了院子。

这个院子竟然还是几十年前的样子。而她家与我家就几分钟的距离，这一隔就是 20 年。

院子的摆设一目了然。正中间放了一个可移动的用来做饭的灶台，上面还有一口锅，看样子主人刚用过不久。靠近门口的地方，有猪圈和鸡舍，猪圈是空着的，鸡舍里倒是有许多只鸡，活蹦乱跳地在吃食。靠近邻居家的那面墙下，有一小块空地，上面种着香菜、小葱还有生菜。除了有些凌乱，这个院子还是挺有生气的。我笑着问她一切都好。她说，也没啥好不好，就这样过着呗。

正对着院子的是她家的三间平房，另外还有一间旧房子，是她的厨房。厨房里更乱，从外面就能看得很清楚。于是我提出进她房间看看。她说她屋里太乱了，下不去脚，到这边来吧。靠近西侧的房间是她留给大儿子的，里面摆放的有一个大衣柜、一张大床，另外有一张桌子。衣柜摆在靠门的位置，正好成了床的屏风。从室内的摆设来看，这些家具有些陈旧，无论款式还是颜色，看起来都有些年头了。门口的玻璃茶几上满是灰尘，看来也很久没有人住了。她说，这是给大儿子结婚用的，不过他在外面很忙，不经常回来，这屋子就一直空着呢。

三间房的中间是她的房间。靠东侧是她小儿子的房间。印象里她的两个儿子个头都不高，有些内向，但是为人还是很和善的，像他们的父母。一转眼已经有近 20 年没有见过他们了，不知道今天长成了什么模样。我心里一面想着，一面观察着她日常生活的这个对外封闭的世界。

她的门口有一扇看起来很破旧的竹帘，估计是很多年前的旧物，既然不方便，我就没有再提要进去。她说，大儿子已经返回他城里的小家了，小儿子还在睡，到中午了还没起来吃饭，她自己随便将就一顿就好了。此时是大年初三的午后一点。临走时我邀请她去我家坐坐，顺便说说这些年家里发生的事情。这就有了后面她本人讲述的故事。

三、不结婚的儿子是她的心病

阳光灿烂的午后，老家的院子里暖洋洋的。我给 F 婶搬了凳子，于是开始听她讲述这 20 年来发生的事情。时间仿佛开启了倒流模式，而我和眼前的这位远房本家婶子，也似乎从未远离过。她甚至都没有问我突然来访的原因，也没有表现出任何不愿意讲述的为难，竹筒倒豆子般开始了她的叙述。

丈夫去世以后，她独自一人生活。她觉得别人都嫌弃她，所以一般也不主动找人说闲话或者去别人家串门。"我一个人习惯了，也觉得这样的日子没啥不好。"问及为啥不去城里跟儿子一起住时，她说自己一个农村人，到了城里的房子住不惯，憋得慌，所以住了没几天就回来，再不愿意去了。"在家多自由啊，早上想睡到几点就睡到几点，也不用管别人咋想，想吃就吃点，不想吃就算了。天气好了我就下地去干会儿活，我身体好着呢，别看我都 60 多了，耳不聋、眼不花，下地干活还可有劲儿。"她讲起话来的时候，眉宇间突然有了我曾经熟悉的某种神采。"你叔一辈子没本事，在世时别人都看不起我们，现在不在了，我也不在乎别人咋看了。反正我自己一个人自由自在没啥不好。"问及她的两个儿子时，她的神情突然暗淡下来。"小 G 今年已经 30 多了，该娶媳妇了，可是这些年不知道为啥就一直不顺。有一回他带个女孩回来了，人家也觉得俺儿不错，谁知道，咱村西边的人不知道是谁背后说了俺家的坏话，硬是把快成的婚事给搅黄了。你说现在的世道，人心咋恁坏哩，我一辈子也没得罪谁，他们为啥要坏俺儿的好事呢，我就是想不通。"她突然沉默下来，我一时间也不知道如何接话。我递给她一杯水，她喝了两口，又开始了她的讲述。

两个儿子都像他爹，不爱说话，内向。大儿子初中没毕业就出去打工了。先是学的厨师，学成后在饭店里给人家做饭。多年后，他自己单独开个饭馆，开始创业了。在什么地方，开的是什么饭馆，F 婶没说。不过大儿子已经是她的骄傲了。去年终于娶妻生子，安定下来了。"现在最愁的就是俺家小 G。"这句话 F 婶重复了几遍，我知道这是她目前最愁的事情。

我安慰她说，小 G 形象不错，还有大专文凭，不愁找媳妇。而且现在城里男孩都结婚晚，现在的年龄正好，能找到。也许是我的话起了作用，F 婶凝重的神情开始略微舒展些了。"我就说嘛，我儿子不憨不傻，怎会找不到媳妇！我年前找人算过命，说俺小 G 命里不是光棍，只要能说到媳妇，我啥都不愁了。""只要女孩儿不嫌俺家穷，咱啥也不挑，好好过日子就行。"

这样的想法我并不陌生，这何尝不是天下大多数母亲的心声！无论她们是哪个阶层的，是什么职业，到头来无不是希望孩子们过得好，作为父母，尽量不给子女添乱，甚至没有任何要求，只要他们健康、圆满（有家有子），她们的情感世界就是丰裕的、有寄托的、有价值和意义的，人生因而是有希望的。至于其他人怎么评价她，是否和她来往，这些似乎都不那么重要了。农村的生活也许不比城市丰富，却也自在、简单。她虽然独自一人，和外界几乎隔绝联系，但对儿子们的牵挂构成了她精神世界的主要内容。

四、故事之外的思索

F 婶的故事当然也是个案。虽然她没有被列为精准扶贫的对象，也从未接受过来自政府或者其他力量的扶助，但是从她形单影只的踪迹中，从她生活的外在环境来看，把她划到贫困之列也说得过去。身处村落之中，却独来独往，和邻里、宗族里的其他人几乎不相来往。她把自己封闭起来，这样的生活世界无疑是狭小的、单一的、孤寂的。因为她的"特立独行"，她成为人们眼中的另类，而他人的目光又进一步加重了她自我封闭的状态。

虽说如今农村的人气不如以往，每年都不断有人外出务工，但是在留下来的村民之间，在诸多家庭之间，依然存在着这样或者那样的联系。人们之间通过人情往来、相互走动等形式维持着村庄内在的秩序和情感的交流。然而，像 F 婶这样的无意中被冷落或者主动自我封闭的个体还是少数。他们要么是因为性格的原因，要么是因为不会做人等，在村庄人际关系理性化以及由熟人社会向半熟人社会的过渡中逐渐地被人遗忘，从而陷入自我疏离与被动疏离的孤立境地。

作为父母，她（他）的性格无疑也会影响到他们的下一代。F 婶家的两个儿子就是鲜活的例子。受父母性格的影响，他们直到成年，身上一直有父母留下的烙印。不擅长与人交往，甚至不懂村庄里基本的人情世故，使得他们即便回家，也没有得到周边邻居的认可和接纳。而邻里间的漠视或者无声的排斥更使得他们对家乡的情感趋于弱化，与村庄的联系变得松散。等到他们的母亲也过世之后，想必他们更不会回这个曾经生养他们的地方。

再说他们的母亲。尽管她的心里也许不是一口枯井，甚至我们也可以认为她一个人生活那么久，至少内心还是强大的或者说有内在支撑的。可是没有亲情的陪伴，没有邻里之间最基本的交往，要是也没有电视、网络这些连接日常生活与外部世界的现代化的信息平台，她一个人的世界该是如何的孤寂和落寞！

这样的贫困户，在当前中国的村子里还有多少，他们的生活世界是否具有共同的元素，值得引起学界的关注和思考。

第三节　贫困老人的精神世界

如前文所言，在最后阶段剩余的贫困户中，有相当一部分都是老年人（L镇60岁以上的贫困户占全部贫困人口的23%），即所谓的"老人贫困户"。年老、多病、子女外出打工、缺乏经济来源，这是许多老人贫困户的共同特征。那么，在上述条件的约束下，这些老人的精神世界有怎样的图景呢？

表5-1　L镇60岁以上贫困户身体状况

年　龄	健　康		残　疾		患　病		残疾且患病		总计（人）
	数量（人）	占比（%）	数量（人）	占比（%）	数量（人）	占比（%）	数量（人）	占比（%）	
60—65岁	143	45.54	39	12.42	113	35.99	19	6.05	314
65岁以上	174	25.44	85	12.43	371	54.24	54	7.89	684
总　计	317	31.76	124	12.42	484	48.50	73	7.31	998

（一）身体健康的贫困老人

1. 务工老人的精神世界

个体进入老年期若还能保持身体健康，这对于老人及其家庭而言都是莫大的福分。然而，因为收入有限，同时尚且具有一定的劳动力，所以许多刚步入60岁的老人，仍然需要外出打工来挣钱。

因为年龄较大，他们中的许多人一般在家附近（县城或者L市）打零工。白天在建筑工地干活，晚上住在工地的简易帐篷里或者出租屋里。他们生活世界中最为重要的事情：活着和挣钱，一方面补贴家用，另一方面也让老年生活充实一些。

那么，他们有哪些精神生活呢？

受访者 W："白天干一天活，累得很，晚上躺那儿就睡着啦。顾不上想那么多。在外面就是牵挂俺老伴儿，隔一段时间会跟家里通一次电话，知道家里好，就放心了。有手机，有空时也会看看小视频啥的。不过俺年纪大了，智能手机还是没有年轻人用得好，好多功能不知道咋用。能打视频电话就不赖啦！平时喜欢听戏，豫剧、河南梆子等都爱听。有时也看看电视，不过连续剧啥的不爱看，也看不懂。"

受访者 T：L 镇 Y 村人，62 岁，平时与儿子、母亲同住。母亲 79 岁，患有慢性病，无劳动能力。儿子 31 岁。与儿子同在镇上打工。2013 年被认定为贫困户，贫困原因是缺技术。2016 年实现脱贫。尽管身体健康，但上有老母需要照顾，下有 31 岁的儿子尚未成家，因此打工主要目的是攒钱给儿子娶媳妇。

T 说："因为要照顾老娘，所以没法去远处打工。俺在镇上干点零活，虽然收入不多，但离家近，捎带着还能干地里的农活。平时也没有啥娱乐活动，也不会玩手机，就是看人家打牌，听村里人有空时闲聊。也不咋看电视，电视上的好多东西也看不懂。"

2. 留守老人的日常生活及其精神世界

近些年，随着基层治理重心的下移，各村都建起了综合性文化服务中心。据《河南省现代文化服务体系建设发展报告》显示，2016 年，河南省有 78.5% 的农村社区设有综合性文化活动中心。截至 2020 年，河南省县级文化馆图书馆实现全省覆盖，且相关总分馆服务延伸到具备条件的乡村。乡镇文化站共有 1 894 个，基层综合性文化服务中心建成率 99.97%，达标率在 90% 以上。

农村综合性文化服务中心功能分区主要包括农家书屋、电子阅览室、文体活动室、老年活动室、党员活动室等。其中，农家书屋和党员活动室覆盖率最高，分别为 73.3% 与 63.0%。文化活动广场是居民娱乐社交、锻炼身体、举办活动的重要空间。调查显示，截至 2016 年，河南省内设有文化广场的农村占比 67.4%，其中濮阳市农村地区覆盖比例为 63%，低于全省平均水平。此外，农村文化活动广场为农民的业余文化生活提供了场地。数据显示，农村文化活动广场占地面积一般在 300 平方米以下，配备有文化体育健身器材如乒乓球台、篮球架等，可满足农村居民锻炼身体的需求，同时还能举办大型文艺活动，例如唱大戏、村篮球赛等。

L村也有一个社区综合文化服务中心，有老年活动室、电子阅览室等。但对于大多数老年人而言，借阅图书是比较稀少的事情。一方面是因为文化程度较低，另一方面也是因为在他们的生活世界中，基本就没有读书的概念和习惯。

访谈中问及他们的业余生活，主要有如下几类：串门、聊天、打牌、做家务、照顾孙辈等。

农忙时候，村子里串门、聊天和打牌的人很少。但是目前农村地里的活少多了，收麦子有收割机，除草有除草剂，同时还有化肥农药等，基本上老百姓一年到头下地干活的时间加起来不到30天。所以闲暇时间比以往增加许多。许多留守老人通过串门聊天来打发闲暇时间。在农村中常见的情形是：一群老年人坐在村口，要么闲聊，要么打牌。

贫困户中打麻将的不多。虽然赌注不大，但毕竟需要钱，所以一般都是家庭条件比较好、子女在外地有工作的老人参与打麻将，也包括一些中年妇女。贫困老人要么忙着带孙辈，要么忙着做家务。他们一般不爱往人堆里去凑热闹。

2019年，笔者暑期到河南灵宝某地调研。当时正值七月份，因是三伏天，天气非常炎热。上午10点多，调研组一行乘车到了一个以种植苹果为主的豫西小村庄里。当走到村口的时候，远远看见一群老人坐在那里，少说也得有20多人，有人坐在小马扎上，有的坐在石头上，有的干脆站着。他们都白发苍苍，看起来无所事事。看到我们的车后，多数人看起来很漠然，只有少部分人对外面来的人表现出些许的兴趣。那一幕至今深深地印在我的脑海里，挥之不去。

这些大都是留守老人。对于他们中的许多人而言，大家聚在一起说闲话，就意味着日常生活中的幸福时刻。那一刻，他们可以从日常忙碌的状态中抽身出来，可以从孤单寂寞的隔离状态中抽身出来，可以从无所事事的空虚状态中抽身出来。大家坐在一起，即便什么都不说，即便也听不清他人在说些什么，但在熟人堆里，他们的感觉应该是放松的、安全的、有归属感的。相比那些躺在床上无法动弹的病人，他们的生活无疑还是幸福的。

以下是笔者在L镇调研时收集的多名留守老人的日常生活状态，特记录如下。

(1) **健康留守老人的日常**。唐××，L镇S村人，64岁，身体健康，与丈夫留守在家。两个孩子都是初中学历，大儿子在省内打工，二儿子在省外务工。2013年被识别为贫困户，贫困原因：缺资金。2016年实现脱贫。

张××，L镇P村人，64岁，与儿子一家同住。儿子38岁，常年在外务工，与儿媳留守在家，照顾两个孙辈，孙女14岁，读初中二年级，孙子10岁，读小学。2013年被识别为贫困户。贫困原因：缺资金。2016年实现脱贫。

李××，L镇P村人，68岁，文化水平为文盲或半文盲。独居，两个孩子分别42岁、40岁，常年在外务工。2013年被识别为贫困户。贫困原因：缺资金。2016年实现脱贫。

上述几位老人的情况算是比较好的。家中有青壮年劳动力，家庭结构相对健全，身体健康。虽然留守，平时还要照看孙子、孙女，但是有较为稳定的收入来源，因此脱贫的难度不大。

（2）**高龄老人的日常**。张××，L镇P村人，92岁，与儿子同住，学历水平为文盲。儿子61岁，初中学历，身体健康，孙子24岁，初中学历，常年在外务工。2013年被识别为贫困户。贫困原因：缺技术。2018年实现脱贫。

唐××，L镇P村人，75岁，身体健康，与儿子一家同住，儿子与儿媳残疾，儿子平时在镇子上打零工。家有三个孙辈，大孙子与二孙女已经上小学，小孙子1岁。2016年被识别为贫困户。贫困原因：缺资金。截至2019年未脱贫。

杨××，L镇L村人，81岁，身体健康，无慢性病或残疾状况。学历为小学，独户独居，无劳动能力。2016年被识别为贫困户。贫困原因：缺劳力。2019年实现脱贫。

周××，L镇L村人，79岁，身体健康，无慢性病或残疾状况。独户独居，因为年龄大，已经丧失劳动能力。2016年被识别为贫困户。贫困原因：缺劳力。2018年实现脱贫。

对于高龄老人而言，身体是否健康、身边是否有子女照顾、生活能否自理等因素都是衡量其生活幸福度的重要指标。就上述几位老人而言，他们的日常生活与其他老人并没有太大的不同，他们用"一天到晚吃吃坐坐"来形容自己的日常。此外，他们的精神世界也相对简单，虽然也会面临孤独、病痛等折磨，但是生活在村庄内的熟人社会中，环境的熟悉、生活的稳定和身体的相对健康等，都带给他们相对的满足感。

第四节　残疾贫困户的精神世界

贫困户中，因病（残）致贫的比重占一半左右。L 镇 L 村，截至 2019 年底，共有脱贫户 68 户，合计 208 人，截至调研时间还有贫困户 6 户 10 人。其中，因病致贫的有 37 户 106 人，占贫困人口的 48.6%；因残致贫的有 21 户 69 人，占贫困人口的 31.7%。下面将通过讲述残疾人 SH 的故事来窥探他们的精神世界。

周村位于 Y 县城东南方向约 3 公里的地方，属于县城关乡辖区，之前通往洛阳的客车都经过这个村，距离县城也就 10 多分钟的车程。

周村共有 358 户，1528 人，10 户贫困户。2016 年，有贫困户 18 户，贫困人口 260 名；经过两年的扶贫工作，2018 年该村有 8 户已经脱贫，目前还有 10 户贫困户，其中，6 户为一般贫困户，4 户为低保贫困户，即所谓的"兜底户"。截至调研时，村中约有 200 名劳动力外出打工，人均土地 0.6 亩，村中有三路高压线经过。该村由于邻近县城和洛阳市，大多数村民对于种植和养殖没有兴趣，而是选择外出打工。目前全乡有 6 个扶贫车间，但是很少有人选择去里面干活。

一、贫困户 SH 及其生活世界

贫困户 SH，55 岁，高中时因神经衰弱辍学回家，后来一直跟随老母亲生活。30 岁左右病情加重，被诊断为精神分裂症，也因此至今没有娶到老婆。从外形来看，他年纪不算大，身体显得虚弱，胡子和头发很久没有打理过的样子。访谈中得知，他很不讲卫生，居住的房间长期没打扫。但听他讲话思路还算清晰，也很清楚自己的处境，了解国家针对贫困户的各项政策。

村支书是他的小学同学。为了照顾他，村里早就给他"五保"待遇（30 多岁就开始吃"五保"）。由于他身体一直不好，需要长期服用药物，因此没有办法下地干活，也没法外出务工。

SH 要求村里给他盖房子，因为他听说有危房改造的政策。他当时无房、无地，住的是他弟弟家的一间房。村支书当场回绝了他的要求，在场的其他人

（包括村主任、第一书记、包村干部等）也都与他进行了现场沟通。看起来他的要求已经提过不止一次了，大家对他也很了解。SH 也不生气，只是一个劲儿地要求盖房。村支书建议他去住乡镇的敬老院，但他以自己在服药为理由拒绝了。支书答应给他报销医药费，他还是表示不愿意去住。原来，如果去住敬老院的话，每月 480 元的补助就会取消。

村支书说，上级政府确实有针对贫困户的危房改造项目，但前提是贫困户自己也得拿出一部分资金，并不是村里或者乡镇全包。按照政策，每人可以补助 18 平方米的住房，但是 SH 的户头上就他一个人，他自己一分钱没有，村里无法给他落实上级的政策。此外，他和他弟家共用一块宅基地，而几年前这块宅基地已经被占用了。作为对占用宅基地的补偿，他弟家的房子腾出一间给他长期居住。因此，在这个意义上，SH 并不是没有房子可住。在他们吵吵闹闹的叙述中，笔者逐渐弄清了事情的来龙去脉。

贫困户的生活世界究竟是怎样的？精准扶贫背景下，他们对精准扶贫、国家的扶贫政策、村干部、驻村干部以及包村干部是如何看待的？他们对扶贫实践是如何评价的？在调研的过程中，笔者不断地想到这些问题。可是，当真的面对贫困户时，又觉得无从问起。

贫困户的生活世界如何，作为研究者，只能进行观察，不能直接询问。如果说，他们的生活世界由主观部分和客观部分构成，那么客观部分可经观察得知，但是他们的内心世界却难以窥探。作为弱者，当被询问的时候，他们很多人甚至听不明白询问者的问题，更别说用通俗的、简洁的语言进行自我表达了。似乎这成了一个无法启动的甚至无法启齿的话题。

贫困户的身份自然也存在被建构和强化的过程。比如 SH，他曾经也很敏感，对于他人的眼光和态度都十分在意。然而，久而久之，他无法改变什么。在别人眼里，他是一个精神不正常的人，加上家庭的贫困，没有谁愿意把女儿嫁给他。长期打光棍，加上常年服药，身体越发虚弱。唯一疼爱他的老母亲也去世了。他只能依靠政府和村里给他的"五保"补助过活。他每月买药就需要花费四五百元。如果住到敬老院，不仅条件比不上家里，同时行动还受到限制。更重要的是，还将失去每月几百元的补助。

调研过程中，笔者看到了 SH 家的房子。气派的大门楼，宽敞的院子，外面贴着彩色瓷砖。从房子外表看，我们很难联想到贫困。有个看起来干净、利索的中年女人从屋中走出来，原来这是 SH 的弟媳，她是村里的妇女干部。聊天中得知，SH 特别不讲卫生，他居住的那间屋子（就位于他们房子的右侧）臭气熏天，气味甚至都渗透到隔壁的房间里。作为弟媳妇，她也曾多次劝说，但是根本没有用。扶贫难以扶志，这就是一个典型事例。

二、另外一个智力残疾贫困户

贫困户 YH，属于智力残疾人。她的丈夫智力正常，经常在村庄附近装车、卸货，打零工挣钱养家。家里有两个孩子在外上学。老大是女孩，老二是男孩，学习成绩据说不错。院内墙上贴着脱贫政策明白卡和贫困户帮扶明白栏。大门口有一个小牌子，上面写着建档立卡贫困户的名字。2017 年 1 月开始建立贫困户的详细信息。每月记录一次，主要是每个月包村干部的帮扶情况。2017 年 1 月，帮扶人 F 老师入户与贫困户沟通，了解其春节期间的实际困难。2017 年 5 月，该贫困户获得养老金补贴 80 元。2017 年 7 月，扶贫干部入户宣传扶贫政策，同时落实医疗救助 1 070 元。墙的另一边张贴着河南省金融扶贫的政策宣传海报。

三、周村另一户残疾人贫困户

户主是一名 60 多岁的残疾人，天生是哑巴但是智力正常。他有两个儿子，一个 30 多岁，一个 28 岁，均在洛阳打工。户主的老婆也是一名智力残疾人，即所谓的"憨傻痴呆"人群。他们的孩子属于正常人，但因为家中经济条件差，至今还是光棍。

在笔者入户的过程中，受访者一直用手比画着，似乎想告诉我们什么事情。后来，村干部让人给他找了张纸笔。他通过书写告诉我们，他有个弟弟曾经参加过对越自卫反击战，他们家是烈属。

在访谈中，很少有人问及他们的内心以及态度。要了解他们的内心世界，得听他们自我表达，可是这其中的很多人连话都说不清楚，或者听不清楚。这不禁让笔者产生疑惑，对于年老或者残疾的贫困群体，他们的精神世界是否能够被探究？他们是否有清晰的自我认知，是否有理性的行动逻辑？当然，产生这样的疑惑并非因为笔者对于该群体存在先入为主的歧视或者偏见，而是源于现实调研时面对访谈对象而无法开口询问的尴尬。

物质基础决定上层建筑。精神世界显然属于意识层面，属于上层建筑的范畴。精神世界丰富与否首先与个体的物质基础直接相关，其次与文化程度相关。可以说，贫困户物质生活的贫乏在根本上导致了他们精神世界的贫瘠，而精神贫瘠同时也影响贫困户的眼界、脱贫的动力，最终陷入贫困的恶性循环之中，出现"贫困的再生产"。

学界通常认为，贫困是指需要未被有效满足、人的本性未能充分展现的状态，可分为物质贫困、交往贫困与精神贫困。其中精神贫困是指贫困对象的精神需要满足程度低于社会正常精神生活水平，从而引发的一种贫困对象精神失常和行为失灵现象。在学术界，围绕贫困农民的"精神贫困"问题已有较为充分的研究，在此不再赘述。就本章所讨论和列举的不同类型贫困户的精神世界问题，笔者认为，这既反映了贫困户的精神贫困，同时又不能仅仅从精神贫困的角度进行解读。精神世界的概念涵盖的内容更加丰富多样。

第 6 章

理解贫困农民的行动逻辑

当我们理解他人的行动时,可能涉及他人演说时的身体运动、特定的声音类型、言语的字面意思以及言说者的意图等。只有当我们发现了他人的意图时,才算是达到了真正的理解。

——阿尔弗雷德·舒茨[1]

理解贫困户可以遵循两条路径:一是看他们怎么说,二是看他们怎么做。"说"和"做"基本可以反映贫困户作为主体的行动逻辑。尽管不同的贫困户可能存在"千人千面"。但正如前文已经指出的那样,最后阶段的贫困户,共性大于差异性。基于收入标准划分的建档立卡贫困户,无论其外部行为特征还是内在心理特征,在整体上都表现出较多的相似之处。本章将依据扶贫实践中常见的行为和典型事例,同时结合实地调查中通过观察与非结构式访谈获得的质性资料,运用理解社会学,深入解读贫困农民的行动逻辑。

第一节 为何贫困户会"等、靠、要"

一、"等、靠、要"行为的历史渊源与具体表现

在扶贫实践中,最让扶贫干部感到无奈、荒诞甚至气愤的就是个别贫困户

---

[1] 转引自范会芳:《舒茨现象学社会学理论建构的逻辑》,郑州大学出版社 2009 年版。

的"等、靠、要"的思想和行为。学术界对此现象也有较多的关注和分析。

"等"反映的是贫困户消极、被动的精神状态，表现为坐等扶贫干部上门提供帮扶"服务"，等着国家的政策兜底，个人缺乏脱贫动力，甚至主观上不愿意脱贫，享受作为贫困户的各项福利待遇和好处。作为社会的底层群体和弱势者，消极、被动等待并非始自今日。这几乎是历代贫弱农民的共性：逆来顺受、听天由命、缺乏抗争意识等。

"靠"和"等"相似，表达的也是个别贫困户的消极脱贫行为和福利依赖惯性。贫困作为一种历史现象，自古以来就没有完全消失过。在我国古代，农民的贫困基本上是常态。这与农业社会的脆弱、小农经济的分散有着密不可分的关系。风调雨顺之年，小农户通过勤奋劳作与省吃俭用勉强可以维持家庭的各项开支和生活的温饱，如果一家之主善于持家，或许还有节余。但是一旦遇到自然灾害或者战争，自给自足的小农经济很容易受到影响或者遭受灭顶之灾。所以，历史上，农业、农民基本是靠天吃饭。若风调雨顺、无病无灾，那么这一年里老百姓的生活就会相对好过些；否则，洪（涝）灾、蝗虫、干旱、瘟疫都可能导致农民流离失所、家破人亡，同时造成农村土地集中，小农户变为流民、乞丐。自古以来，如果说农民有所依靠的话，这个靠山要么是老天爷，要么是土地爷。这也就能解释为什么民间对于天地的自然崇拜往往超过西方文化中的宗教崇拜。在农民朴素的自然观念里，老天爷是冥冥之中众神的统称，有的文学作品干脆将老天爷具化为"玉皇大帝"，他掌管天地万物，具有至高无上的权威，所以无论如何不能对老天爷不敬。土地神则在民间的信仰中被具体化为"土地公公"。除此之外，老百姓崇拜和祭祀的对象还有灶神、财神等。

除了天、地（自然界）之外，农民能够依靠的还有宗族和血亲。大的家族内部可能会有贫富分化，但是出于宗亲伦理和道义，宗族可能会为本族内其他贫困家庭提供一些经济上的援助和救急、救难的临时救济。比如，历史上留下美谈的范仲淹为其族人设置的"义田"、《白鹿原》中白嘉轩一族对于其他同姓成员的关照等。

改革开放以来，随着农村集体经济的解体以及社会结构、家庭结构的变化，依靠宗族、血缘关系的广义上的家庭支持体系趋于弱化，村庄和个人越发呈现"原子化"状态。此外，受市场经济的影响，农村中的人际关系也趋于理性化。同门、同姓以及同宗之间的关系随着熟人社会的解体以及日常互动的减少趋于淡薄，宗族关系更是在后来的历次社会政治运动、整治中趋于瓦解。那么，农民家庭一旦遭遇意外，能够依靠的通常只有原生家庭和亲属系统。政府的救济一般只有在发生重大灾害（荒）时才会启动的。

再看西方近代以来的贫困治理。1601年《伊丽莎白济贫法》（又称为《旧济贫法》）的出台在人类福利制度发展史上具有划时代的意义。这意味着政府开始主动承担起对穷人的救济责任。之后，经过三个多世纪的补充、完善，截至20世纪40年代，以《贝弗里奇报告》为蓝本的英国福利国家制度正式建成，这标志着以英国为代表的西方国家开始正式步入"制度化扶贫"时期，即福利国家时代。福利国家制度建设的初衷就是消除工业化过程中出现的年老、疾病、工伤等现代性社会问题，以及战争导致的公民普遍贫困的问题。福利国家也由此成为20世纪后50年全球范围内其他发达国家和发展中国家竞相模仿的目标和福利改革的方向。今日学术界的所谓福利依赖问题也主要是在西方发达国家建设制度化扶贫体系中出现的。在西方社会福利史中，不可忽视的还有另外一种声音，即反对国家福利的声音，典型代表有社会达尔文主义、社会进化论以及新自由主义等。上述思潮作为福利国家的反对者，其批判的依据之一就包括可能导致"福利依赖"问题，具体理由为：剥夺和侵犯了穷人的自由权、隐私权；对于穷人的救济可能损害公平和效率；会影响社会正常的优胜劣汰，导致人口的逆淘汰；等等。

结合我们在精准扶贫过程中遇到的"等、靠、要"言行，会发现这些行为仿佛穿越时空，成为福利依赖在我国语境下的翻版，变化的无非是具体的表现形式。所以，在一定意义上，我们在当下遇到的个别贫困户的"等、靠、要"，实质就是人类本性中的惰性、短视、"趋利避害"、好逸恶劳等劣根性的具体表现，既是弱者的武器，也是人性的局限。

二、"等、靠、要"行为的社会建构

当然，各级政府对于全面脱贫的强调与重视客观上给部分贫困户造成了一种误解，即帮助他们（贫困户）脱贫成了扶贫干部的硬性任务，成为地方干部工作的衡量指标，所以配合扶贫干部的入户调查就是在帮助扶贫干部。事实上，为了能够在全国范围内消除绝对贫困，尽快步入中等发达国家行列，全面建成小康社会，自上而下的扶贫政策在执行时在一定程度上赋予了扶贫行为以上述的"意义"。任务分解、层层下压、具体到人的精准帮扶策略和量化考核体系也使得扶贫干部不得不忍受委屈、放下架子,走进贫困户的家庭,耐心、细致地进行帮扶。

那么,为何说贫困户的"等、靠、要"行为是社会建构出来的呢?

首先,国家对于扶贫干部的压力和考核机制使得扶贫本身具有了一定的强制性、政治性,上升为基层干部不得不完成的政治任务。个别贫困户了解了其中的门道后,便以此作为拿捏扶贫干部的筹码和武器。尤其是一些长期在贫困环境里浸泡、对于个人卫生完全不讲究的人,其不良行为习惯一时难以改变,这就出现了当上级临时通知有领导来抽查脱贫成效时"皇上不急太监急"的境况。干部们在催促贫困户无果的情况下,往往会勉为其难地替贫困户打扫卫生。

其次,精准扶贫、责任到人的追责机制客观上助长了个别贫困户的"惰性惯习"。追责机制下,出现了匪夷所思的典型例子,例如贫困户要求扶贫干部给其打扫卫生、让扶贫书记帮忙娶媳妇等。笔者在调研中也多次听扶贫干部讲起这些事例。这类事例产生的根源是相似的,同时也是政府提出要"志、智"双扶的原因。可是志气的培育、智慧的挖掘需要从根本上改变贫困户的价值观、人生观,还需要提升其脱贫能力。

笔者认为,贫困户的等、靠、要行为是建构性的。其中既有贫困阶层所习得的贫困文化的浸染和影响,也有扶贫作为一种政治任务而被建构成的"社会事实"的强制性的力量。

三、狡黠、懒惰还是无奈

抛开对于贫困者上述行为的道德审判与谴责,用理解社会学的角度来看,似乎更能看到潜藏在扶贫系统之下的行为逻辑与意义脉络。理解贫困户行为逻辑的方法之一,就是设身处地换位思考。即假设我们处于贫困户当时的状况中,面对扶贫系统的上述资源以及各类要求,我们将怎么做?

客观而言,多数人都是有限理性的,而看重眼前利益、占便宜心理等都是有限理性的具体反映。站在贫困户的角度来看,进入国家的脱贫系统意味着能够凭空多出许多具体的物质福利和隐形的政策福利,比如子女上学的教育补贴、看病时的医药报销以及日常村干部的探望、帮扶等。面对这么多优厚的待遇和政策,作为弱者的他们只需要交出"面子"、"认可"和配合就可以获得,那么，何乐而不为呢？事实上，他们的家庭往往也确实需要上述帮扶。所以，与其说贫困户是"狡黠"的，不如说他们狡黠的背后是对于摆脱当下状况的无奈；与其说他们是懒惰的，不如说更多时候是习惯使然，是贫困文化塑造的结果。相比于长远的、未必能够实现的能力提升，获得当下的眼前利益成为他们的理性选择。

当然，这样解释并不意味着替那些有"等、靠、要"思想和行为的贫困户开脱。他们的行为虽然放在具体的情景下似乎是可以理解的，但并不意味着这样的行为就是合理的、可以被接受的。事实上，类似的言行不仅降低了国家扶贫工作的效率，同时也损害了扶贫干部的积极性和成就感。

第二节　当贫困户光荣吗？

一、传统文化背景下荣辱观的历史由来

何谓荣辱观？简言之，就是一个社会中人们对于荣辱问题的基本观点和根本看法，是关于"何者为荣、何者为耻"的行为评判原则及道德标准。2006年，胡锦涛在参加全国政协十届四次会议时提出了"八荣八耻"的社会主义荣辱观。之后很长一段时期，荣辱观成为学术界和新闻媒体热议的话题。"八荣八耻"反映的是新时代人们对于荣辱问题的新认识和新看法，其中包含爱国主义的教育（以热爱祖国为荣，以危害祖国为耻；以服务人民为荣，以背离人民为耻），包含提倡劳动光荣、好逸恶劳为耻的人生观，包含提倡诚实守信、批判见利忘义的价值观，等等。社会主义的荣辱观既有对当下时代价值观的概括，同时也有根植于中国传统文化的儒家荣辱观的内容。

古代，最早提出荣辱说的是管仲。他在《管子》中指出，国有四维，一曰礼，二曰义，三曰廉，四曰耻。四维不张，国乃灭亡。此外他还指出了荣辱观与家庭经济条件之间存在密切的联系，所谓"仓廪实则知礼节，衣食足则知荣辱"。就是说，只有让老百姓家里有余粮，衣食无忧，才能谈礼节和荣辱；只有知足，方能知辱。进入先秦时期，儒家学者将荣辱观与道德修为结合起来，倡导"义利观"（君子喻于义，小人喻于利）、"穷达观"（独善其身与兼济天

下)、入仕与出世等。确切而言,儒家将读书人分为君子与小人,君子以天下为己任,有家国情怀,穷则独善其身,达则兼善天下;君子以仁义为信条,为人处世磊落坦荡。这些都反映了读书人将个人操守与道德修为看作安身立命的头等大事。

孟子将荣辱与仁结合起来,指出"仁则荣,不仁则辱"。在此,孟子将荣辱作为对立的范畴,所以明辨荣辱之分是区分君子与小人的标准。后进一步指出,"先义而后利者荣,先利而后义者辱;荣者常通,辱者常穷;通者常制人,穷者常制于人,是荣辱之大分也"。

之后,随着儒家思想的一统天下,其荣辱观更是成为个体道德社会化的核心内容。儒生通过对儒家经典的阅读、背诵进而将儒家思想中所蕴含的道德观、人生观纳入其道德人格的内化之中。到了近代,康有为更是将"耻文化"进一步明确和具体化,提出了"四耻说":"一耻无志。志于富贵,不志于仁义,可耻也。二耻揗俗。揗于风气,不能卓立可耻也。三耻鄙吝。凡鄙吝者,天性必薄,为富不仁可耻也。四耻懦弱。见义不为,可耻也。"可见,随着儒学在近代的发展,关于荣辱文化的内容也更为具体。具体而言:其一,君子坦荡荡,爱财但取之有道,即可以追求富贵,但不能为富不仁。只求富贵而抛却仁义,为君子所不齿。这体现了儒家知识分子一脉相承的做法,即对仁义的追求高于富贵和金钱。其二,没有独立的气节和人格是可耻的。揗,遵循也。遵循当时的风气做法,不能保持人格的独立是可耻的。这反映了近代以来知识分子自主意识的觉醒。其三,对于吝啬的批判。为富不仁既是失志,也是失德,非君子所为也。其四,懦弱、不能见义勇为也是可耻的,这反映的是人性的自私。康有为的这"四耻之论"有助于接受儒家思想的读书人完善人格,秉持君子之风。

可以说,在漫长的封建社会中,儒家所宣扬、倡导、秉持的"荣辱观"一直在思想层面和行为层面深深地影响着社会民众的道德底线,塑造着社会精英的道德人格,建构着中国传统文化的根基。虽然儒家对此在不同时期有不同的表述,但整体来看,儒家学说所秉持的荣辱观并没有发生大的变化。

二、市场经济背景下农村社会荣辱观的变迁

可以说,儒家所秉持的"义利"荣辱观在漫长的传统社会中一直占据着重要的位置。明代以降,伴随着商品经济的缓慢发展与世俗文化的兴起,区分君

子与小人的传统荣辱观逐渐发生了变化。商品经济带给人们的影响和冲击开始显现出来。其实，讨论传统中国社会的荣辱观还需要考虑一个重要的影响因素，即封建社会的等级制。换言之，传统中国社会不仅是一个长幼有序、男女有别的男权社会，同时还是一个存在贫富分化与尊卑贵贱的等级制社会。处于社会底层的广大农民通常处于贫穷与卑贱的地位。科举取士之后，读书成了无数寒门学子改变命运的唯一机会，由此才有了"万般皆下品，唯有读书高"的说法。当农村与农民阶层普遍贫困时，当农户之间贫困分化不明显时，大家也就无所谓相互歧视了。有学者认为，在新中国成立后到改革开放之前，中国农村不存在经济上的分层，只有政治上的分层。政治分层源于成分论。曾经的"地、富、反、坏、右"的子女在50至80年代上学、参军时依然会受到歧视。准确地讲，农村社会荣辱观的改变是从大力发展市场经济之后开始出现的。如同王思斌老师指出的，从20世纪80年代末开始，农村社会人际关系开始出现"理性化"的趋势，原有的邻里互助的传统开始被"随份子"、拿工钱的方式取代。

新中国成立后，国家一直提倡劳动光荣的价值观，提倡勤俭节约，反对好逸恶劳。这与我国一直是个农业国家的现实有关。漫长的农业社会，微薄的劳动剩余要养活不断增加的农业人口，所以在人口压迫土地的现实背景下，广大的小农必须勤俭节约，这样才能勉强维持一家的温饱。因此，崇高勤劳、节俭、崇尚劳动的价值，以铺张浪费和好逸恶劳为耻，逐渐成为农业社会的人们所认可的优良品德以及核心价值观。

改革开放以后，市场经济的交换理念、金钱观等在很大程度上也影响农民的价值观和荣辱观。此外，户籍制的松动、城乡二元体制的变化也给了农民外出务工的机会，社会流动在一定程度上也改变了农民的价值观，改变了农民几千年来安土重迁、知足常乐的农业社会的生存方式。因此，农民的职业发生分化，经济上出现分层，价值观也趋向多元化。但是，靠自己劳动致富，不甘于贫穷，试图出人头地等观念，和社会变迁背景下社会大众的价值观是基本一致和接近的。这也是改革开放40多年来社会所倡导的正向价值理念，同时也是国家和社会取得快速进步的内在动力。

三、精准扶贫背景下"贫困户光荣"的话语建构

接下来让我们进入所谓"当贫困户光荣"的话语。为何会有这样的说法呢？

应当看到,"贫困户光荣"的说法不是出自贫困户之口。在农村没有人会明确地说"贫困是可耻的",但是贫困之家无论从社会地位还是个人影响力来看无疑都处于农村社会的最底层。进入20世纪90年代之后,中国农村的贫富分化开始加剧,原有的铁板一块的农民阶层开始分化。陆学艺在2000年对农民进行广泛调查后得出"中国农民已经分化为8大阶层"的结论,之后,这一说法在很长一段时间内都具有较强的解释力。农业劳动者阶层、兼业农户逐渐成为农村中地位较低、收入较少的群体。

一个家庭的地位高低通常取决于几个方面的因素:第一,家庭户主的职业和威望。若家中有在外面吃商品粮的公职人员,那么该家庭通常被村民高看一眼。第二,经济收入。谁家做生意赚了钱,成为富裕农户,也会导致家庭的地位上升(也可能导致其他村民的嫉妒)。第三,家庭有子女上学。父母勤勤恳恳务农的家庭虽然经济收入暂时较低,但社会地位却未必最低。社会地位最低的家庭应该就是"贫困户"。一没有经济、社会资本;二没有文化资本;三家中有拖累(有病人或者残疾人需要照顾),健康护理的费用较高。原本这些人在农村中处于鄙视链的低端,他们要么被漠视,要么被鄙视,生活没有尊严,也没有质量可言。尽管个别人吃上了低保,但也只是勉强可以维持温饱的状态。精准扶贫之后,随着国家对于低收入群体的高度重视,各种外部资源、实惠好处都一股脑涌向了贫困户,这使得一部分村民尤其是边缘贫困户的心理出现了失衡。本来家庭条件相差不大,但有的家庭被纳入贫困系统而得以享受种种好处、优惠,有的家庭则被排斥在各种好处之外。于是,当个别贫困户流露出喜悦之情、表现得高兴时,就有了上述风凉话:看人家当贫困户多光荣!这是一种明显的酸葡萄心理,同时也折射出个别地方扶贫方法过分倾斜以及福利资源过度集中的弊端。

笔者在调研中接触了许多贫困家庭,在与他们交谈的过程中,并没有发现所谓的"当贫困户光荣"的畸形荣辱观;相反,多数人表现出自卑、不自信的言行。相当一部分人会对国家扶贫政策和当地的扶贫干部表达感谢,无论是发自内心的感激还是出于面子的敷衍,笔者认为,至少没有谁会觉得贫困户是一种值得炫耀的光荣身份。因此,在这个意义上,"当贫困户光荣"只不过是他人的无端猜测,或者一种略带忌妒含义的戏谑之辞。

第三节 哭穷式表演与套路化"感恩"

哭穷,按照字面意思理解,即口头上向他人装穷。这是贫困农民日常表达的一种策略和常见的方式,目的在于向倾诉对象示弱,其中有表演的成分,也有部分表达是真实的。总之,目的在于获取他人的同情,进而获得对方更多的帮助或者其他社会福利。

这在中国农村十分常见,其本质不同于哭诉。有学者专门针对这种行为进行研究,认为这是情感的一种另类表达方式,其目的在于背后的利益获得。[1]

郭于华将农民的诉苦作为国家观念形成的中介机制来进行考察。[2] 套路化"感恩"和哭穷式表演在本质上具有相似性,都属于特定情景下社会建构的结果,同时都具有表演的成分,其目的在于稳固之前建立的受助关系,进而获取更多来自行动指向对象的帮扶。

类型化是任何社会中都不可缺少的基本结构,分类及由此形成的分类意识构成了农民生活世界的分类图式。套路化感恩某种程度上可以理解为农民在精准扶贫时期针对不断上门的探望和送温暖形式所形成的固定化、类型化的感恩方式。

自古以来,"知恩图报"是中国民间社会广大民众所认可和遵循的一种价值观,比如"滴水之恩,当以涌泉相报""知恩不报非君子"等俗语都反映了上述认知。感恩不仅是熟人社会中人际交往的道德原则,同时也是等级制社会的行为准则。

新中国成立后,社会主义民主制度取代了封建社会的等级制,原有的地主阶级经过社会主义改造和数次社会运动后,在社会阶层结构中趋于消失,代之以"经济上去阶层化、政治上人人平等"的农村社会分层。改革开放之后,农村又经历包产到户(家庭联产承包责任制)、农民外出务工、取消农业税等一系列变革,农村社会中原有的"熟人社会"被打破,村庄内部人际关系较之以前发生了根本的改变。比如有学者调查发现,农村社会人际关系出现理性化的

---

[1] 孙旭友:《哭穷:贫困农民自我表达的另类机制》,《湖南农业大学学报》2015年第1期。
[2] 郭于华、孙立平:《诉苦:一种农民国家观念形成的中介机制》,《中国学术》2002年第4期。

趋势，伴随着农村社会结构的变化以及熟人社会向半熟人社会的转型，传统社会的道德原则对于农民个体的约束力不断减弱，原本淳朴、善良、知恩图报的农民群体特征也在市场经济条件下发生转变，代之以精明、计较、不知感恩，恩将仇报等事例在农村也变得常见起来。①

进入精准扶贫阶段之后，伴随着国家力量的强力介入和对于扶贫效果的精准监测，基层政府不得不将贫困户作为一段时间内工作的重点。扶贫干部需要在规定的时间内完成提高贫困户家庭收入的指标，这就需要他们动员一切可以动员的社会资源，而贫困户也在和扶贫干部打交道的过程中逐渐摸清了扶贫干部的心理，即需要对他们的付出给予口头上的感谢和肯定，久而久之，产生了一套表达感谢的方式，其中包括感谢上级领导、某某书记人可好了，等等。这些话在不同的场景下都是适用的，任何时候也不至于出错，这即所谓的"套路化感恩"。当然，贫困户的感恩话术不局限于上面罗列的这些。需要明确指出的是，多数贫困户对于扶贫干部的感激是发自内心的，淳朴的语言往往无法表达他们满心的感激。套路化的感恩只是发生在少数人身上。

---

① 王思斌：《中国人际关系初级化与社会变迁》，《管理世界》1996 年第 3 期。

第7章

贫困农民的社会交往与关系网络

> 人的本质不是单个人所固有的抽象物,在其现实性上,它是一切社会关系的总和。人们在发展其生产力时,即在生活时,也发展着一定的相互关系;这些关系的性质必然随着这些生产力的改变和发展而改变。
>
> ——马克思[①]

社会交往不仅是个体社会性的体现,更是其生活世界的扩展和延伸,与其精神世界更是密不可分。社会交往不仅是个体精神世界的投射,同时也在客观上限制了个体精神世界的广度和深度。

第一节 影响传统社会农民社会交往的因素

一、影响农民社会交往的客观因素

传统社会中,农民的社会交往主要受制于如下几个客观因素:所处的地理位置,可获得的交通工具,个体的社会资本。除此之外,农民的交往范围还受到个体的性格、脾气,家庭所拥有的社会地位、声望以及人缘等综合因素的影响。

先看地理位置对于农民社会交往的影响。一般而言,交通便利的村庄、与

---

① [德]马克思、恩格斯:《马克思恩格斯选集》,人民出版社2012年版。

城市较为接近的地方，农民的社会交往范围明显要大于那些生活在山区、交通不便地区的农民。交往范围的扩大当然也会在客观上扩展农民的眼界、解放他们的观念，甚至增加他们的经济收入。反之，不方便的交通、被限制的区位往往成为导致山区的农民陷入贫困的重要因素。因此，上至中央、下至地方，都认识到"要想富，先修路"的简单道理。在精准扶贫期间，国家投入巨大的资金来改善农村的道路、桥梁。这首先在客观上打破了地理位置对于农民的限制，不仅为他们的出行提供了方便，同时也在客观上促进了他们向外延伸的社会交往。

再看交通工具的影响。交通工具无疑与经济发展程度以及所处的时代有着直接的关联。传统社会中，人们出行主要依靠人力、畜力驱动的工具，比如马车、驴车、轿子等，普通农民还可以借助脚力。这无疑属于"车马慢"的时代。因为"车马慢"，传统社会中社会流动与社会交往往往受到很大的限制。这也是导致传统社会中农民安土重迁的一个重要因素。近代以来，工业化和城市化逐渐改变了农村社会，但即使到了21世纪，一些偏远地区、贫困农民的出行也还是以畜力和脚力为主。从某种程度上讲，交通工具的落后既是导致农民贫困的原因，同时也是农村落后与贫困的反映。

何谓个体的社会资本？美国社会学家詹姆斯·科尔曼是这样定义的：社会资本是生产性的，为结构内部的个人行动提供方便。是否拥有社会资本，决定了人们是否可能实现某些既定目标。[①] 因此，在某种意义上，熟人社会里个体所拥有的"关系"构成了他的"社会资本"。农村社会无疑保留了最多的传统社会的特征。因为"生与斯、死于斯"，村庄成员之间相对非常熟悉，这也构成了熟人社会人际交往的特征：建立在地缘基础上的信任牢不可破；彼此之间的关系虽有远有近，但是"爱面子"、讲信用成为多数成员不约而同的选择。然而，伴随着农村熟人社会的瓦解以及向"半熟人社会"转变，村庄内部农民的交往方式也发生了变化。

客观地讲，社会资本是一个较具弹性的概念。社会资本与个体的社会交往之间是相互影响与彼此建构的关系。可以这样认为：个体的社会交往范围越大，与某些个体或者群体交往频次越高，其社会关系资源也就越多，意味着社会资本存量越大。反之，社会关系资本越少，意味着个体或者家庭与外部的接触越

[①] 詹姆斯·S. 科尔曼：《社会理论的基础》，社会科学文献出版社2008年版。

少，社会交往越呈现出单一或者疏离的趋势。相关研究发现，农村地区的人际交往多局限于本市县内，同时以地缘和情缘为主，主要交往对象是街坊邻里与朋友。[1] 伴随着移动互联网在农村的普及，当前农村社会中人际交往的方式也正在发生变迁，邻里之间的"串门"、闲聊等正在被以手机为媒介的线上交往所取代。

二、影响农民社会交往的主观因素

在传统农村社会，村民之间的交往通常可以分为以家庭为单位的交往以及个体之间的人际交往。以家庭为单位的交往主要是指人情往来的对象，比如亲戚、同门或者同族之间的交往。除此之外，还包括有经济往来的人际交往，比如与村庄合作社之间的交往或者有其他经济利益的合作与人力支持等。此类社会交往虽然也有某个家庭成员作为代表出席或者参与，但是客观上却代表了整个家庭的利益，反映了家庭在村庄内部的社会地位以及社会声望。

再来看个体之间的人际交往。伴随着农村社会家庭结构的小型化、男性劳动力外出务工的现实，女性在家庭中的地位日趋上升。与此同时，传统社会中封建家长的权威逐渐消减，家庭妇女的主体性得以彰显，并日趋觉醒。个体尤其是女性个体之间的人际交往日趋增加，表现为：同村之间女性闺蜜圈的出现；基于兴趣、性格以及其他个体因素的人际交往增多。家庭背景相似、年龄以及性格接近、有共同话题等都可能成为村庄内女性之间交往的促进因素。当然，同龄男性之间的交往出现得更早。只不过，在男性青壮年劳动力外出务工的背景下，村庄内女性个体之间的交往显得尤其突出。这一现象值得研究。

第二节 贫困农民的社会交往

如果说在改革开放之前，农村宗族在一定程度上可以为家族中较为贫弱的个体或者家庭提供经济及社会支持的话，那么伴随着宗族共同体在农村社会中的解体或者式微，农村家庭也日趋成为原子化的存在。有研究者认为，农村生

---

[1] 王秀然等：《农村社会交往特点调查研究——以山东省为例》，《安徽农业科学》2012年第30期。

产责任制的改革使得国家和农民个体之间建立起直接的互动关系，由此瓦解了宗族与村庄的部分权力。① 进入精准扶贫阶段，国家为了帮助贫困户尽快脱贫，动员一切可以动员的资源，由村干部牵头，全面帮扶贫困户。在此背景下，贫困户的社会交往发生了哪些改变，又呈现出怎样的特征和趋势呢？

一、相对狭隘和封闭的社会交往范围

农民的社会关系与社会交往是一个问题的两个方面。社会关系是社会交往的结果和静态呈现，而社会交往是基于特定社会关系的交往，是社会关系的动态表达。黄瑞芹通过对 3 个贫困县 3 145 户农村居民的调查发现，亲缘关系是贫困农民的社会关系网络的主要组成部分，尤其是男方的社会关系发挥主要作用。② 另有研究发现，患慢性病的农民，其社会关系较为狭窄，通常仅限于亲缘关系或者血缘关系。③ 显然，患病与贫困既限制了贫困农民日常行动的范围，同时也影响其社会交往的范围。

精准扶贫期间，根据笔者在多地农村的调研，尽管移动互联网、智能手机的普及在很大程度上改变了当前农村社会人与人之间的交往方式，但是对于贫困农民而言，他们的社会交往依然呈现出狭隘与封闭的特征。也就是说，上述研究结论迄今为止依然有一定的解释力。

二、以血缘和地缘为主的社交圈子

费孝通认为，中国农村是以血缘为基础的，"血缘是稳定的力量。在稳定的社会中，地缘不过是血缘的投影，二者之间不相分离"④。然而，在时代变迁之下，血缘与地缘这一对农村社会主要关系类型发生了转变。具体表现为：农村社会通婚圈出现了明显的扩张趋势，跨省通婚比例越来越高，而村内通婚比例越来越低。⑤ 此外，亲戚之间的交往呈现出淡漠与疏离的特征，村庄内部半熟

---

① 王朔柏、陈意新：《从血缘群到公民化：共和国时代安徽农村宗族变迁研究》，《中国社会科学》2023 年第 9 期。
② 黄瑞芹：《中国贫困地区农村居民社会网络资本——基于三个贫困县的农户调查》，《中国农村观察》2009 年第 1 期。
③ 白描、苑鹏：《农民社会关系的现状及影响因素分析》，《中国农村观察》2014 年第 1 期。
④ 费孝通：《乡土中国》，北京大学出版社 1998 年版。
⑤ 梁海艳、徐淑娴：《地理通婚圈变迁与跨省通婚的影响因素研究——基于中国家庭生育决策机制调查数据的分析》，《人口与社会》2021 年第 5 期。

人社会出现。

然而，就贫困农民而言，因他们自身的弱势特征以及家庭所拥有的社会资本的缺乏，他们的社会交往并未随时代而发生太多的改变。有研究表明，农村社会尤其是中西部地区的农村老年人的社会交往呈现去阶层分化的特征，同时，交往范围仍然局限在村庄内部。① 对于这一点其实并不难理解。个体步入老年阶段，意味着行动能力的减退。若身体患病或者残疾，这更在很大程度上影响个体的社会交往的范围。建立在血缘基础上的子女照护以及地缘基础上的熟人交往成为老年群体主要的社会交往方式。

三、基于宗教的社会交往

除此之外，还有一种社会交往不可忽视，即建立在共同宗教信仰基础上的社会交往。这类交往在当前一些农村较为突出。当下，农村中的宗教信仰主要包括：来自西方社会的基督教和被视为本土宗教的佛教、道教等。基督教在北方农村发展比较迅速，其他类型的传统信仰形式接近衰落。②

那么，为何宗教能够在农村获得迅速传播？这主要与农村居民精神生活较为贫乏、精神世界较为空虚有关。研究表明，随着家庭交往的弱化以及社区交往的萎缩，农村老年人难以从家庭以及社区中获得必要的精神支持，这进而导致他们精神世界贫瘠，急需精神慰藉。在此背景下，宗教所具有的情感支持功能可以为处于弱势地位的农民提供感情上的安全感和归属感。通过参与宗教活动，与有着共同信仰的群体进行社会交往，他们的归属感需求、社会交往需求均可得以满足。③ 上述解释同样适用于农村留守女性群体。除此之外，农村宗教信仰还可以满足信众的功利性诉求，比如保佑家人平安、无病、升官发财等。④

根据笔者在农村进行的田野调查，农民参与宗教活动的确可以增加他们社交网络的深度和广度，不仅可以打破之前局限于血缘关系和地缘关系的社会

---

① 王进文：《面向村庄的社会交往重建：农村老年人精神慰藉实现的路径选择》，《理论月刊》2024年第3期。
② 董磊明、杨华：《西方宗教在中国农村的传播现状》，《马克思主义无神论研究》2016年第4辑。
③ 晁国庆：《当前农村宗教盛行的原因》，《广西社会科学》2005年第5期。
④ 邱新有：《中国农村宗教信仰特点的微观分析——以铁村黄庄教徒信仰为分析对象》，《江西师范大学学报（哲学社会科学版）》2007年第2期。

交往，还可能增加社交网络的异质性。王术坤通过对中国劳动力动态调查（CLDS）结果的分析指出，信教的农村居民社会网络规模更大。[①] 定期的宗教活动，例如基督徒定期"做礼拜"，佛教徒相约去庙里上香拜佛等活动，不仅可以拓宽农民的社交范围，同时在宗教活动中建立的社会关系也会延续到农民的日常生活中，可以为他们提供必要的情感支持或者社会支持。

调研发现，贫困户中有宗教信仰的比例较高。有受访者表示，家人或者自身患病之后，明显感觉内心更容易悲伤或者绝望，而宗教可以为他们提供精神支持，帮助他们减轻因疾病带来的痛苦。此外，参与宗教活动也可以帮助他们获得来自其他信教者的精神鼓励和支持。

四、有帮扶干部参与的社会交往

在此不得不提及的一个社会事实是，在精准扶贫期间，贫困农民的社会交往范围有所拓展，其中包括当地的村干部、第一书记以及其他帮扶人员。入户探访既需要了解贫困户家庭的各项开支和详细收入，同时还需要针对贫困户的具体情况制定详细的帮扶计划。可以说，在2015—2020年，扶贫工作人员每年到每个贫困户家走访、慰问的次数远远高于农村亲戚之间的日常走动。有些帮扶干部的确做到了把贫困户作为自家的"穷亲戚"进行日常交往。可以说，帮扶干部的确为我国最后阶段的贫困户脱贫做出了不可磨灭的贡献，其间也留下了许多的感人故事和美谈。由此可以认为，帮扶干部一定程度上扩展了贫困户对外的社会交往范围，增加了他们的社会资本存量。这一点既是导致其他边缘贫困户羡慕和嫉妒的原因，同时也确实在客观上加快了贫困户脱贫的步伐。

第三节 移动互联网时代贫困户的社会交往

一、移动互联网时代的来临

移动互联网与传统互联网相对应，都是建立在信息技术革命基础上的虚拟

[①] 王术坤、董永庆、许悦：《宗教信仰与农村居民社会网络：信教者的朋友更多吗？——基于CLDS数据的实证检验》，《世界经济文汇》2020年第2期。

共同体。早在20世纪末，曼纽尔·卡斯特就已经宣称网络社会的来临。他认为，网络社会将重构信息时代新的社会时空。移动互联网时代是指伴随着智能手机的出现和广泛使用，手机网民通过移动信号或者无线Wi-Fi查询或者获得网络信息的时代。作为网络社会发展的新阶段和新里程碑，移动互联网以其终端的可移动性和便携性快速地渗透包括农村居民在内的社会大众的日常生活世界。进入移动互联网时代，人们原有的社会交往、日常生活方式被重塑，同时表达意愿高涨。此外，互联网在为人们提供众多机会的同时，也在某种意义上加剧了社会群体结构的分化。

中国互联网信息中心（CNNIC）发布的第52次《中国互联网络发展状况统计报告》显示，截至2023年6月，我国网民规模达10.79亿人，较2022年12月增长1109万人，互联网普及率达76.4%。其中，网民使用手机上网的比例高达99.8%。此外，我国农村网民规模已达3.01亿，农村地区互联网普及率达到60.5%，这意味着我国已经快速步入移动互联网时代，同时，城乡之间互联网普及率的差异日渐缩小。社会交往是个体的社会性需求之一，不仅与生产力发展及阶级的形成密不可分，还是理解社会阶层结构的重要基础。就贫困农民而言，移动互联网在多大程度上影响他们的日常生活以及社会交往？贫困户与普通农民的社会交往在移动互联网时代又有哪些区别呢？

二、移动互联网时代贫困农民社会交往的几种类型

移动互联网作为21世纪科技进步的成果之一，在全球范围尤其是我国农村地区的普及速度是十分惊人的。相关数据显示，截至2009年底，我国农村网民过亿（10681万人），较上一年增长2220万人，年增长率26.3%。其中，手机上网用户约7189万人，与2008年相比增长3000多万，年增长率79.3%。因此，2009年被视为移动互联网发展的里程碑。这一时期，农村网民主要以30岁以下群体为主（所占比例高达69.2%），其中19岁以下年轻农村网民占全部农民网民的41.1%，"年轻化、低学历、学生群体"是农村网民的主要特征。

进入"十二五"之后，伴随着农民收入的持续增长以及农村地区电信产业的快速发展，农村地区互联网用户快速增加。在经济方面，2005年农村居民人均纯收入仅为3255元，2010年则增加至5919元。2010年，我国还全面实现了"村村通电话、乡乡能上网"的"十一五"农村通信发展规划目标。全国范围

内100%的行政村接通了电话，100%的乡镇通了互联网（其中98%的乡镇通宽带），94%的20户以上自然村通电话，全国近一半乡镇建成乡镇信息服务站和县、乡、村三级信息服务体系。在此背景下，农村地区移动互联网的用户也呈现井喷趋势。截至2020年12月，我国手机网民规模达9.86亿，较2020年3月增长8885万，网民使用手机上网的比例达99.7%。我国农村网民规模达3.09亿，占网民整体的31.3%，城镇网民规模达6.80亿，占网民整体的68.7%。虽然整体看来，仍然是城镇网民数量占多数，但是农村地区手机网民的数量一直呈增长态势。

相关数据显示，我国非网民主要分布在农村地区（占比为62.7%）。从年龄来看，60岁及以上老年群体是非网民的主要群体。截至2020年12月，我国60岁及以上非网民群体占非网民总体的比例为46.0%，较全国60岁及以上人口比例高出27.9%。调研发现，许多农村地区的老人没有智能手机，不会通过手机上网。因为无法使用智能手机，相当一部分农村老人，同时也包括贫困户家庭、农村独居老人等，被屏蔽在信息时代之外。他们的社会交往在很大程度上还主要是以子女、邻居以及亲戚为主。

当然，贫困户群体并不仅限于老年，其他年龄段的贫困户许多是智能手机使用者。在此部分，笔者将是否使用移动互联网作为衡量标准，以此区分出移动互联网时代贫困农民社会交往的几种类型。

第一种类型是没有受到移动互联网影响的贫困户。比如上面提及的农村老年人群体、文化程度较低的残疾人等。无论是因年龄、受教育水平或者其他因素，不会使用（或者没有拥有）智能手机导致他们被排除在互联网世界之外。

第二种类型是能够熟练使用智能手机、深度参与移动互联网的贫困户。他们可能是贫困家庭中的子女、年龄较轻的残疾人、有一定文化程度的中年人等。智能手机的出现不仅成为他们扩大社会交往的工具，同时可能成为助推他们摆脱贫困的动力和机会。比如通过手机获取更多的就业信息，或者在一定程度上开阔眼界，提升个人能力。调研中发现一些贫困家庭的女性，通过移动互联网在城市找到了工作，进而帮助整个家庭摆脱了贫困。

第三种类型是介于二者之间的贫困农民。他们可能拥有智能手机，也在一定程度上参与网络，但是由于思维的惯性以及文化程度的限制，可能无法借助互联网实现个人视野的开阔以及社会交往范围的拓展。他们或者沉迷于互联网世界中鱼龙混杂的信息，或者进入所谓的"信息茧房"难以自拔。也有少部分人借助移动互联网拓展了交往范围，但却以破坏家庭关系或突破道德底线为代价，比如网恋、出轨等。该类型的贫困农民虽然数量不多，却值得引起关注。如何帮助贫困农民借助移动互联网实现赋能以及正向的社交，是今后应该关注的话题之一。

第 8 章

贫困农民生活世界的多重实在

> 日常生活的世界指的是这样一个主体间的世界：它在我们出生很久以前就存在，被其他人，被我们的前辈们当作一个有组织的世界来经验和解释。我们对它的全部解释都建立在人们以前关于它的经验储备的基础上，这些经验以"现有的知识"的形式发挥参照图式的作用。
>
> ——阿尔弗雷德·舒茨[1]

在前文中，笔者通过多种资料从不同侧面阐述了贫困农民生活世界的构成及其变化。本章中，笔者试图运用多重实在的概念，从抽象的角度来重新看待贫困农民群体的生活世界。

第一节 多重实在及其具体运用

一、实在与有限意义域

威廉·詹姆斯在《心理学原理》中写道，可能存在几种或者无数种实在秩序，其中每一种秩序都具有特殊和分离的存在风格，即所谓的"次级宇宙"。"每一个世界当它被人们注意的时候，都由于它自己的样式而是真实的。只有实在随着注意消逝。"[2] 阿尔弗雷德·舒茨不同意詹姆斯的观点，将各种感觉的次

---

[1] [奥] 阿尔弗雷德·舒茨：《社会实在问题》，霍桂恒、索昕译，华夏出版社2001年版。
[2] [美] 威廉·詹姆斯：《心理学原理》，田平译，中国城市出版社1990年版。

级宇宙和自然事物的次级宇宙称为最高实在。在他看来，日常生活实在的有限意义域才是最高实在。

在舒茨看来，首先，"实在"意味着与个体的情感生活和社会生活的关系。所谓的"实在"具体是指使个体激动并且能够激发个体兴趣的东西。实在既包括那些客观存在的物质世界，同时也包括存在于个体意识中的、对个体行动者发生影响的虚幻的，甚至是梦境的世界。也就是说，实在具有以行动者为核心的特征。换言之，存在于个体意识中的经验和意义构成了只对行动者而言具有特殊意义的"有限意义域"。这些有限意义域之中的每一个意义域，都是由一种特殊的意识张力（从日常生活实在中的完全觉醒到梦的世界中的沉睡）、特殊的时间视角、特殊的经验形式、特殊的社会形式作为其显著特征的。"正是我们的各种经验的意义，而不是客体的本体论结构，构成了实在。"

二、最高实在与多重实在

在舒茨看来，个体日常生活具有实在的特征。在人们的常识思维中，日常生活不仅包括处于个体实际的和潜在的力所能及范围内的、被统觉图式察觉的自然客体、事实及事件，同时也包括接近呈现参照①。正是上述不同类型的存在，构成了个体生活世界中的"多重实在"。每一个行动者的"多重实在"并不相同。但是，对于多数普通行动者而言，日常生活因为其与个体生活世界的密切相关性，因此具有"最高实在"的特征。换言之，多数普通人的生活世界主要就是围绕日常生活展开的。平时为统觉器官所察觉、感受到的也主要是日常生活世界中发生的各种事情，多重实在的构成在不同时间点、不同场域中也会有所不同。

第二节 研究贫困户的生活世界及"多重实在"的意义

综观国内的相关研究，除杨善华外，较少有学者将舒茨的现象学社会学的概念运用到具体领域进行分析。在《理解普通妇女与她们的生活世界——兼谈

---

① 接近呈现参照，是指自然界的自然客体被转化为社会文化客体所依据的较低层次的参照系。

女性研究的方法论问题》一文中，杨善华重点关注了普通妇女群体的生活世界实在。在作者看来，只有关注了该群体的生存状态、了解了她们的意愿、利益及要求，才算是真正理解了她们生存的社会环境的意义以及她们话语和行动的意义。[1] 因此，运用现象学社会学的立场来审视，生活世界本身属于她们的意义世界，而社会环境是其生活世界中重要的组成部分。

相比于农村中的普通妇女群体，贫困户是一种更加弱势和特殊的存在。受到杨善华上述研究的启发，笔者将生活世界的理论移植到贫困户群体进行分析。还原该群体生活世界的多重实在，不仅可以让大众看到他们虽然平凡、弱势，但依然具有自身的"有限意义域"，更重要的是可以去除笼罩在他们身上作为弱势群体和被接济、被同情的贫困者标签。他们的日常生活世界尽管重复、单调，没有英雄人物的生活世界那般波澜壮阔，但是在他们自身的生活世界中，他们的生活也依然是充满意义的。作为普通人，他们的生命历程中既有日常生活的平凡、重复，也有让人激动、幸福，抑或痛苦、沮丧的重大事件以及重要时刻。他们作为社会底层的存在，同样可以折射出社会变迁过程中群体存在的特征以及个体生活世界被时代所影响和改变的轨迹。由此看来，从生活世界的角度进行理解就可以避免标签化和"历史化"，进而具有了社会学层面的方法论意义。

当然，研究者还需要思考并对下列问题保持一定的敏感度：一是贫困户自身能否意识到其有限意义域的存在？他们自己能否反身回顾？二是年老的、残疾的、文化程度较低的群体，他们是否有清晰的自我反思以及有限意义域？

对于绝对数量庞大的贫困户群体而言，显然上述问题并没有标准及统一的答案。但这并不妨碍对上述问题进行研究。

第三节 贫困户生活世界的"多重实在"

一、自然态度下的生存：多重实在的第一级构成

所谓自然态度，是指对于生活所持有的最初的、朴素的、未经批判和反思

---

[1] 杨善华：《理解普通妇女与她们的生活世界——兼谈女性研究的方法论问题》，摘自《日常生活的现象学社会学分析》，社会科学文献出版社2010年版。

的态度。① 普通人对于日常生活通常所表现出来的态度便是"自然态度"。以贫困农民为例，他们中的多数可能很少去思考为何活着以及生命、生活的意义等问题，但是他们却依然以一种认真的态度来面对生活，其中就包括面对生活中的不幸、命运所赋予的苦难以及其他种种不完美、不如意等。

自然态度下的生存，换言之就是"活着"。对于处于社会底层的民众而言，每天生活世界中最为重要的事情其实都是围绕着"活着"展开的。活着，首先需要解决家庭成员的一日三餐，要保证家庭收入的来源等。为了维持所谓的"生存"，家庭内部有基于理性基础上的个体分工和性别分工。家庭中的每个成员都不能赋闲在家，除非年老多病，或者残疾，否则在家赋闲会被认为是"无所事事"或者"游手好闲"。女性通常需要负责家人的一日三餐，还有打理家务、伺候老人、接送孩子上学等，这些事情基本上占据了她们生活世界中的大部分时间和精力。家庭内的男性，包括父亲和儿子，需要围绕赚钱和农活而忙碌。在务农的比较效益越来越低的情况下，家庭中的男性往往选择外出务工来满足家庭的必要开支和日常运转。根据笔者前些年在农村的实地调研，贫困家庭的成员外出务工是帮助家庭摆脱贫困的主要途径。因此，若从性别视角进行区分，男性生活世界的实在虽然同样围绕生存进行，但是其内容却有所不同。肩负养家糊口的责任，以赚钱为首要目标，从事繁重体力劳动等，构成了以生存为主要目的生活世界的基础底色。

至于因病或因残致贫的贫困户，他们生活世界中最为重大的事情也无非是"活着"。因为年老、疾病或者残疾，他们丧失了正常个体所具备的劳动能力，甚至失去了部分生活自理能力，他们不得不接受来自家庭成员的照护和来自精准扶贫帮扶体系的兜底救助。比如前文提及的贫困户 SH，因自身的残疾，多次要求村干部和扶贫干部给予他尽可能多的照顾，除了给他盖房子之外，还试图获得更多的现金帮扶。他这么做也无非是为了"活着"，或者说在现有的制度下获得更多资源。

二、有限意义域：多重实在的第二级构成

如前文所述，有限意义域是存在于个体意识中的经验和意义，对行动者而

---

① 谢立中：《日常生活的现象学社会学分析》，社会科学文献出版社 2010 年版。

言具有特殊的意义。有限意义域属于意义世界的内容。囿于各种主客观条件的限制,每个行动者的意义世界各自不同,同时具有有限性、片面性与特殊性。

就贫困户而言,有限意义域首先表现为他们大都只关心与自身、家庭、村庄有关的事情。村庄以外的世界通常并不在他们考虑的范围之内。自身的健康、子女的婚姻大事、邻里关系、村子中的家长里短于他们而言是有意义的。村庄之外的世界、国家大事等则因为距离他们的生活世界太过遥远从而被排除在有限意义域之外。有限意义域同时还表现为:他们不会去深究生活的深层意义等,对意义的理解和追寻仅停留在较为表层的地步。比如,满足于当下的状况,对于生活没有过高的奢望,以及对于日常生活单调、重复的较强容忍度等。因为生活在村庄内部的"熟人社会",所以,另外一部分重要意义来自家人、亲戚及熟人间的日常互动中所获得的情感支持和彼此认同。有限意义域的特殊性表现为:每个人内心关注的事情和意义世界的来源都不完全相同。这既体现了个体的独特性,同时也反映了意义世界的丰富与多样。但是,社会阶层接近、生活环境接近,意味着不同个体之间的有限意义域存在较强的相似性以及较高的重合度。

三、 重大事件: 多重实在的第三级构成

正如阿格妮丝·赫勒所言,每个人,无论在社会分工中占据的地位如何,都有自己的日常生活。又因为每个个体的日常生活都有时间的耗费和空间的转换,因此,从经验层面看,人们的日常时间可以分成日常生活时间和"事件"时间。[①] 笔者由此认为,贫困农民群体,即便是身处社会底层,但是在他们的一生中,依然会经历一些重大的事件。"事件"发生的时间尽管具有突发性和不确定性,但由于对其个人及其从属群体产生的影响重大,因此构成了该群体生活世界中的另一重多重实在。

依据个体生命周期理论,普通人生命历程中通常都要经历下列重大事件,即婚、丧、嫁、娶等。在当下的农村,重大事件通常还包括外出务工、赚钱归家、获得贫困户(低保户)资格等。

先说婚嫁问题。农村的女孩不愁嫁,但是农村的大龄男青年娶不到媳妇的

---

① 杨善华:《感知与洞察:研究实践中的现象学社会学》,《社会》2009 年第 1 期。

情况比比皆是。相关研究发现，某地区的一个村庄里，光棍就超过了 20 个，这成为当地精准扶贫中的一大难题。从社会学的角度分析，农村中的光棍现象一方面反映了局部地区男女性别比的失调，同时也是农村地区人们"重男轻女"观念以及性别筛查技术造成的恶果。当然，此处重点不是要探讨农村光棍问题的成因。但是，对于农村地区的贫困家庭来说，为家中男性后代娶到媳妇，降低打光棍的概率，成为贫困家庭的家长考虑和在意的第一等大事。当然，前提是如何在拮据的家庭经济状况下攒够彩礼。

此外，贫困户家庭的婚礼仪式、老一代人去世后如何下葬等，这些问题相比之下显得不那么重要。也就是说，对于贫困户而言，他们更加在意的是上述重大事件能否达成，至于形式则相对次之。比如，就像前文提及的 F 婶，只要能给家中的儿子娶到媳妇，女方是当地人还是外来户，品格如何，外貌如何，是否健康等这些问题都退居其次。处于社会最底层，无论在哪个方面都没什么优势，当然也就没有太多选择余地。这些重大事件，即便是处于未完成状态，仍然在他们的生活世界中占据非常重要的位置。

再说其他重大事件。家庭成员外出务工赚到钱，这对于贫困家庭而言，重要性毋庸赘述。此外，还包括被评为贫困户或者低保户等。这些事件同样会对该群体的生活世界产生重大影响，也因此成为他们生活世界中的多重实在。

概言之，出于研究的需要，笔者将贫困户生活世界的多重实在进行了细分。但是，显而易见的是，不同地区、不同年龄甚至不同类型的贫困户，他们生活世界的"多重实在"都不完全相同。无论是在理论层面还是现实层面，研究者永远无法穷尽不同贫困户生活世界的具象性与多样性。因此，只能采用概括方法，将其生活世界进行分层。可以肯定的是，每一个贫困家庭，其生活世界都是具体而现实的。同时，他们生活世界的"多重实在"尽管因人而异，但是多重实在的存在却不容置疑。

第 **9** 章

贫困治理：理念变迁、福利意蕴及治理效果

> 毫无疑问，当代中国正处于一个寻求新的支配形式和新的合法性基础的过程中，逐步稳妥地走向法理权威，建立法治国家，这是执政党多年来提出的目标和制度建设的方向。这是一个上下求索、艰难漫长又令人充满憧憬的过程。
>
> ——周雪光[①]

第一节 西方贫困治理的理念变迁及其启示

作为一个世界性的难题，贫困问题从古至今一直困扰着西方各国的发展，而贫困治理也由此成为西方各国政府治理中重要的组成部分。在不同的历史时期，西方的贫困治理呈现出多元共存甚至迥然不同的价值立场，不同的贫困治理理念直接影响西方各国反贫困政策的实践走向。在我国脱贫攻坚取得重大突破、贫困治理走向即将发生重大转折的节点上，回顾和反思近代以来西方国家贫困治理的理念，对于我国调整贫困治理的重点以及制定现阶段反贫困政策具有较强的理论意义。

一、管理主义的贫困治理理念

都铎王朝时期（1485—1603）英国正在由农业社会向工业社会转型，圈地

[①] 周雪光：《中国国家治理的逻辑》，生活·读书·新知三联书店2017年版。

运动导致大量的小农经济破产，大批的农民背井离乡，走上外出流浪之路。此外，城市中工业发展的不稳定也造成了许多失业问题。据统计，在 16 世纪初期，英国的贫困人口约占全体总人口的近半数，流民遍布社会的每个角落。英国早期的空想社会主义者托马斯·莫尔在《乌托邦》中对于英国圈地运动时期农民的贫困问题进行了详细的记载："佃农被那些贪得无厌者从土地上撵走，有些人在欺诈和暴力下被剥夺了一切，这些不幸的人被迫离开家园，却找不到安身之处。"① 在托马斯·莫尔看来，贫困问题与流民问题、盗窃问题互为因果。一方面，农民因为失去土地而被迫四处流浪；另一方面，流浪和失业又加深了农民的贫困。流民问题不仅影响社会的治安和稳定，同时，大量的流动人口也造成了传染病的广泛传播。为了维护都铎王朝的统治，都铎政府于 1495 年和 1503 年颁布并修订了《反对流浪和乞丐法令》，旨在制裁流民、乞丐和社会懒散人员。法令明确规定穷人不能四处流浪，一旦发现将强制其重返家乡。此外，德国、意大利、法国也先后颁布法律，对流浪乞讨者行乞的条件、范围等进行了明确的规定。上述法令虽然颁布的时间先后有别，内容上也略有区别，但都体现出政府济贫理念背后管理主义至上的特征。之后，英国的《济贫法》虽多次修改，但其隐含的管理主义的贫困治理理念却始终没有改变。比如，1530 年的一份王室公告显示，对于连续 3 年以上居住在百户区内有劳动能力的乞讨者，一旦被抓到就要对其扒光衣服，进行严厉的鞭打并被遣返回家乡。1572 年颁布的一项法案规定，年满 15 周岁、具有劳动能力的乞丐一旦被捕，将遭受牢狱之灾及其他酷刑的折磨；今后若再犯，则被当作重刑犯对待且不能再接受任何形式的救济。1601 年，伊丽莎白一世对于《济贫法》进行了进一步的修改和完善，减轻了对于流浪乞讨者的惩罚，而代之以通过分类管理和分类济贫的模式。但是，强制、污名化以及丧失尊严等依然是穷人接受救济时需要付出的代价。政府济贫行为的背后虽然有对穷人的人道主义同情，但更多是为了社会稳定和社会秩序安定。

二、社会达尔文主义的贫困治理理念

进入 19 世纪，贫困问题依然困扰着欧洲各国。在英国伦敦，35% 的居民生

---

① ［英］托马斯·莫尔：《乌托邦》，戴镏龄译，商务印书馆 1982 年版。

活在贫困线以下，约克郡有 28% 的人口属于贫困群体。1842 年，曼彻斯特有 116 家工厂停产，失业工人上万。1847 年秋，英国完全失业的人口达到 400 万人。19 世纪末的德国，由失业问题造成的家庭贫困也非常普遍。在经济危机严重之时，社会上衣不蔽体、食不果腹的穷人随处可见，无数人因饥饿而命丧黄泉。面对无法消除的贫困问题，政府是否需要继续承担对穷人的救济在当时存在较多的争议。社会学家斯宾塞公开反对政府对于穷人的救济行为，认为政府的济贫会影响社会发展的效率与公平。斯宾塞是 19 世纪英国著名的社会达尔文主义的代表人物，他同时还是一名社会有机体论者。他认为，社会是一个有机体，各个部分之间紧密联系，相互补充，只有当社会每一部分的功能都能正常发挥的时候，社会发展才能维持良性运行和协调发展。社会的发展同时也遵循一定的规律，竞争不仅仅在生物界存在，同时存在于人类社会。受达尔文优胜劣汰的竞争法则的影响，斯宾塞针对 1834 年颁布的《新济贫法》提出了强烈的反对意见。在他看来，《新济贫法》是一种"滥情的仁慈"，它主张社会的不当性，甚至可能让社会中强壮健全的人为此付出代价，同时给后人留下"不断增加的低能者、懒人以及罪犯"。首先，政府对于穷人的救济打破了社会进化的法则，不仅损伤了自由竞争，而且会造成穷人的懒惰、福利依赖以及其他问题，从根本上说是弊大于利。其次，政府的济贫行为会摧残人类的同情心和仁慈的天性，在一定程度上可能导致贫困问题的加重。因此，穷人作为社会竞争中的失败者，理应为自身的贫困买单，而社会的发展也应该遵循物种进化的规律和人种自然演化的进程，优胜劣汰，适者生存。斯宾塞对于 19 世纪英国《济贫法》的态度代表了同一时期主张自由放任的古典经济学家的立场。从亚当·斯密开始，自由主义经济学家就明确反对政府干预经济。从人道主义角度出发，政府应该对穷人进行区别对待，对那些"值得帮助的穷人"进行最低限度的救济，但前提是不能损害自由竞争的市场法则，不能损害市场经济的效率。总之，斯宾塞对待贫困问题的态度和立场代表了那一时期扶贫治理的另外一种理念，即社会达尔文主义的贫困治理理念。

三、权利至上的贫困治理理念

如果说 20 世纪之前，西方国家贫困治理的理念主要是基于管理主义、社会达尔文主义立场的话，那么进入 20 世纪，贫困治理的理念发生了根本的变化。

这源于马歇尔倡导的公民权利理论的兴起。在西方社会思想史的长河中，权利至上的观点经历了由自然权利论到社会权利论的演变。霍布斯最早对自然权利论进行了论述，之后在法国 1789 年的《人权宣言》中进一步强调了在权利面前人人平等以及天赋人权的观念。自然权利是人类生命有机体的重要组成部分，和人类生命个体一起诞生，具有天然性、不可分割性和绝对性。它先于社会同时作为自然的一种承诺和目的而存在，具有至高无上的优越性和普遍性。天赋人权论和自然权利说在启蒙运动时期得到了广泛的传播，同时成为西方国家权利观的基本共识。进入 20 世纪，公民权利理论因社会学家马歇尔的《公民权利与社会阶级》一文的发表而深入人心。从社会平等的角度出发，马歇尔将公民的权利分为民事权利、政治权利与社会权利三种类型。其中，社会权利是公民权利的核心内容，是指从获得少量的经济福利和保障，到分享社会遗产，以及根据通行的社会标准享受文明生活等一系列的权利。针对英国社会普遍存在的贫困、匮乏、愚昧等问题，英国经济学家贝弗里奇在 1941 年撰写的备忘录中，专门提及要建立针对全体社会成员的国民保健制度，针对所有儿童的普遍的家庭补贴制度以及充分就业制度。上述论述充分体现了对公民权利的强调和重视。其中，国民保健制度所包含的权利主体范围已经扩展至全体社会成员，具有普遍性、统一性、平等性，从而接近马歇尔的基于政治共同体成员身份而获平等享有社会权利的社会公民资格。尽管后来英国的福利国家模式并没有完全按照贝弗里奇所描绘的蓝图实施，但是在 20 世纪 40 年代建立的"从摇篮到坟墓"的福利国家制度的确全方位体现了政府对于公民的责任以及基于公民权利基础上的贫困治理理念。与此同时，北欧及西欧各国也纷纷建立起与其国情相适应的福利体制，贫困问题在发达国家对于公民权利全方位进行保障的过程中得以大幅度缓解。

四、赋能为主的贫困治理理念

阿马蒂亚·森，新福利经济学的重要代表人物，从 20 世纪 70 年代开始关注贫困问题。阿马蒂亚·森认为，贫困问题与经济不平等之间存在着密切的联系。以往评判贫困的主流方法通常是设定一个"贫困线"，当收入低于此"贫困线"者就可认为是贫困。阿马蒂亚·森认为，用收入方法测定的贫困存在较大的问题。事实上，贫困与社会政策密切相关。贫困的实质是能力的缺失，确切地说，是为达到某种最低可接受的目标水平的基本能力的缺失。[①] 此外，贫困群体的贫困通常还是多维度的而不是单一维度的，比如教育的缺乏、健康的不足及生活水平低下等。针对穷人基本能力不足的问题，阿马蒂亚·森认为，应该从改善穷人的福利状况入手，为其赋能。他的多维贫困理论因此又被称为能力贫困论，甚至直接影响着联合国开发计划署对贫困的定义和对贫困的治理理念。

五、西方的贫困治理理念对我国的启示

（一）要摒弃管理主义及污名化的贫困治理方式

在管理主义济贫模式下，穷人接受救济必须付出自由和尊严的代价，这种做法不仅违背了济贫的初衷，而且违背了人性。穷人要接受救济就必须到济贫院内，不仅行动与自由受到限制，同时，刻在身体上的烙印更是加重了穷人被污名化的程度。管理主义济贫模式尽管在一定程度上达到了控制穷人流动的目的，但也造成了恶劣的影响和后果。管理主义的济贫模式不仅在当时受到了穷人激烈的抵制，在英格兰北部及其他地区甚至根本无法推行这种济贫模式，济贫院外的救济开始成为事实上发挥作用的济贫模式。

管理主义贫困治理带给我国的扶贫实践启示如下：其一，我国在扶贫过程中要警惕管理主义的思维定式，尤其是对于城市内的流浪乞讨人员以及农村的低保、"五保"人员，切忌用管理主义的理念，要用服务替代管理。其二，贫困治理过程中不要对贫困者形成污名化或者贴标签。污名化违背了贫困治理的初衷，同时也会造成非常恶劣的影响，污名化同时还是导致社会歧视、社会偏见以及社会隔离的罪魁祸首，去污名化已经成为当前我国贫困治理的基本共识。

（二）要根除社会达尔文主义，坚持以公平为主兼顾效率的扶贫治理理念

社会达尔文主义的贫困治理理念在实践中可能导致两种结果：一是以遵循社会进化和优胜劣汰为由，放任社会中的贫富分化加大而不予治理；二是漠视或者无视在社会竞争中失败的弱势群体的福利改进，以效率之名影响公平。当

---

① [印度] 阿马蒂亚·森、[美] 詹姆斯·福斯特森：《论经济不平等：不平等之再考察》，王利文、于占杰译，社会科学文献出版社 2006 年版，第 320 页。

前，社会达尔文主义在一定程度上存在于我国社会大众的观念之中，但就政府而言，无论是从我国的社会主义性质出发还是从全面建成小康社会的内在要求出发，都不可能持优胜劣汰的原则从而放弃对贫困者的救助。相反，改革开放以来，我国党和政府始终坚持以人民群众的利益为核心，以消除贫困、实现共同富裕为目标，致力于彻底打赢脱贫攻坚战役。可以说，这是全世界反贫困历史上绝无仅有的先例。

（三）贫困治理中要重视公民权利及可行性能力的建设

目前，伴随着我国贫困治理实践向纵深推进，重视贫困者作为公民的权利以及加强其可行性能力建设的观念在一定范围内已经成为共识。新中国成立初期，为了加强我国的工业化建设而形成的城乡二元社会结构以及与此相适应的户籍制度，曾经在一定时期内损害了广大农村居民的公民权利，表现为农村居民享有的基础设施和公共服务长期以来相对滞后，教育、医疗、社会保障等制度建设呈现出城乡有别的二元特征，大量的贫困人口集中在农村地区，"三农"问题严重等。面对城乡二元格局以及贫富分化的局面，邓小平明确指出，贫穷不是社会主义，要通过先富带后富的方式最终实现共同富裕。改革开放40多年以来，可以说既是不断加大制度建设的40多年，同时也是公民权利不断扩大和深化的40多年。当前，还有部分城市低收入人群以及农村的建档立卡贫困户成为我国迈向小康社会过程中的"短板"。在中央政府自上而下的"补短板思维"以及精准扶贫的战略部署下，我国的反贫困战役已经取得了举世瞩目的成就。今后，进一步加大贫困人群的公民权利建设，提升其脱贫能力，改善其生活福祉，将成为今后我国基层治理的方向和重点。

第二节　生活世界视角下我国贫困治理的效果

如前文所言，精准扶贫时期，我国自上而下投入了大量的人力、物力以及金钱，用举国之力来帮助老、弱、边、穷地区以及贫困人群摆脱贫困，进而实现共同富裕的目标。这在全球范围内，放在自古至今的历史上，其规模、影响力以及效果都是有目共睹的。对于贫困治理的效果，目前国内已经有非常丰富的学术成果对此进行了概括和总结，在此笔者不再赘述。

在笔者看来，贫困治理的效果还可以从生活世界的角度进行审视。换言之，无论中央还是地方，精准扶贫所给予贫困户的政策支持、物质帮扶，以及扶"志"与"智"的扶贫行动，最终都可以通过生活世界的视角得以体现。按照笔者对于生活世界的"三分法"的界定，下面分别从物质生活世界、精神生活世界和社会交往世界三个角度回顾贫困治理所取得的效果。

一、效果之一：不断改善的物质生活世界

物质生活世界属于个体生活世界中外显的部分，因而也较容易通过观察得以了解。整体看来，精准扶贫阶段的贫困治理明显地改善了广大贫困户的物质生活世界的环境，提升了其生活世界的品质。

（一）物质生活世界的改善首先表现为家庭人均收入的增加

收入水平和收入构成在很大程度上既体现了居民的生活水平和福利水平，同时也影响居民在吃饭和穿衣方面的消费水平。根据有关研究者的调查，来自不同部门的政府投入明显提高了贫困户家庭户均收入水平。比如，学者研究发现，残联每投入 1 万元，该地区贫困户家庭纯收入平均增加 0.25 万元。教育局每投入 1 万元，贫困户家庭纯收入平均增加 0.29 万元。此外，扶贫办、财政局等政府资金投入对于贫困户家庭纯收入的增加也有着显著的作用，水务局、民政局以及住建局投入的资金对于贫困人口人均收入的增加作用则不太显著。[1] 另外有研究也发现，在人均年收入较低的贫困村，政府扶贫资金投入越多，贫困人口的年收入增长越快。[2] 此外，教育投入对于农民收入具有稳定的正向影响，同时对于贫困地区收入增加作用明显高于其他地区。[3]

统计数据显示，2018 年全国农村居民人均可支配收入为年均 14 617 元，该年度河南农村居民年人均可支配收入为 13 830.7 元，山东农村居民年人均可支

---

[1] 高敏芳：《政府部门精准扶贫投入效果分析——基于渭南市临渭区截面数据分析》，《渭南师范学院学报》2018 年第 8 期。
[2] 王昊月、马文杰：《政府投入与扶贫效果：多多益善，还是因地制宜？——基于四川省宜宾市 388 个贫困村的实证研究》，《农村经济》2019 年第 10 期。
[3] 彭妮娅：《教育扶贫成效如何？——基于全国省级面板数据的实证研究》，《清华大学教育研究》2019 年第 4 期。

配收入为 16 297.0 元。但是农村居民中低收入群体的年人均可支配收入仅为 3 666.2 元，中间偏下农户年人均可支配收入 8 508.5 元。2015 年，河南省贫困线为年人均 2 600 元，2018 年贫困线提高至 3 208 元，到 2020 年脱贫时，贫困线已经增至 4 000 元。再来比较笔者 2020 年 9 月在山东菏泽地区获得的调研数据。当时调研对象是全市 1 553 户脱贫户，脱贫户的收入情况分布如下：

年人均纯收入在 4 500 元以上的有 1 527 户①，占样本总体的 98.33%。其中，年人均纯收入在 5 100—8 000 元的约占 57.95%；4 500—5 100 元的占 10.43%；收入在 8 000—10 000 元的占 16.36%；家庭年人均收入超出 1 万元的占比 13.59%。此外，转移性收入构成了贫困户主要收入来源（占比 54.22%），其次是工资性收入即打工收入（占比 27.62%）。②

可以看出，通过贫困治理，贫困户家庭成员人均纯收入不断提高，大多数贫困户的人均纯收入都达到了当地脱贫线的标准。但是，即使到了 2020 年年底，部分贫困户家庭的年人均收入还远远低于 2018 年全国农村居民人均收入的水平。整体看来，不少贫困户在很大程度上仍然依赖于政府给予的各项福利津贴和转移支付。一旦转移性收入取消，部分贫困户很有可能重新陷入贫困。

（二）贫困户物质生活世界的变化还表现为贫困户住房条件的改善

党的十八大以来，中央财政累计投入农村危房改造补助资金超过 2 000 亿元，790 万户建档立卡贫困户居住的危房得到改造。农村危房改造政策试点始于 2008 年，是农村地区人居环境改善的重要项目。精准扶贫期间，根据住房和城乡建设部、财政部和国务院扶贫办的具体要求，全国范围内，2019 年各地要基本完成 4 类重点对象的危房改造扫尾工作。而相关数据显示，山东和河南在"十三五"期间，危房改造的任务分别为 9.9 万户和 32 万户。其中，山东有 7.4 万户建档立卡贫困户被列入"十三五"期间危改计划任务对象，河南有 5.8 万户建档立卡贫困户被列入其中。③

住房保障方面，2016 年以来，菏泽市共完成建档立卡贫困户危房改造

---

① 山东省 2018 年底宣布全部脱贫，当年农村的贫困线标准为年人均 4 500 元，5 100 元为稳定脱贫。
② 数据参见菏泽调研报告。
③ 张剑、隋艳晖：《农村危房改造扶的问题与对策研究——基于山东、河南的督导调研》，《经济问题》2016 年第 10 期。

39 774 户，累计拨付危房改造资金 5.32 亿元，全面实现了贫困户住房安全有保障的目标任务。从抽样调查情况来看，所有被访农户均有安全住房。所有贫困户家庭的住房均经过了鉴定，不存在疑似危房的情况，其中有 193 户享受了危房改造政策，改造标准达标并发放危房改造补助资金。①

就全国的情况来看，2019 年农村残疾人人均住房面积为 20.43 平方米，比 2018 年增加了 0.23 平方米。截至 2022 年 7 月，相关部门为贫困残疾人家庭发放补助金 3.3 亿元，改造了 21 101 户农村贫困残疾人家庭的存量危房。②

可以看出，针对农村贫困群体的危房改造项目在很大程度上改善了贫困户的住房条件和生存环境，明显提升了贫困户群体的物质生活世界的水平和质量。

（三）物质生活世界的改善还表现为贫困户所在的村庄道路、桥梁等基础设施和人居环境的改善

2021 年 12 月 5 日，中共中央办公厅、国务院办公厅印发《农村人居环境整治提升五年行动方案（2021—2025 年）》，提出要以农村厕所革命、生活污水、垃圾治理、村容村貌提升为重点，全面提升农村人居环境质量，为全面推进乡村振兴、加快农业农村现代化、建设美丽中国提供有力支撑。③ 2023 年中央"一号文件"要求，扎实推进农村人居环境整治提升，加大村庄公共空间整治力度，持续开展村庄清洁行动。④ 以贵州省为例，2018 年之前 B 市完成厕所改造的农户为 970 010 户，改厕率为 47.6%；2019 年该地区农村实现厕所改造的农户为 211 071 户，改厕率为 10.4%；截至 2019 年，该地区累计改厕率为 66%，约 134.49 万人从中受益。⑤ 此外，在 B 市 2 239 个建制村中，已开展农村污水治理的村庄有 260 个，占比 11.61%。

此外，根据《国家人权行动计划（2021—2025）》关于无障碍环境建设的

---

① 数据来自《菏泽市脱贫攻坚工作第三方评估报告》，郑州大学课题组，2020 年 9 月。
② 范会芳、付娆、张宝格：《乡村振兴背景下河南省残疾人生活质量调查及提升路径研究》，载于《河南蓝皮书：2023 年河南社会形势分析与预测》，社会科学文献出版社 2023 年版，第 199 页。
③ 中共中央办公厅、国务院办公厅：《农村人居环境整治提升五年行动方案（2021—2025 年）》，《人民日报》2021 年第 1 期。
④ 新华社：《中共中央国务院关于做好 2023 年全面推进乡村振兴重点工作的意见》，http://www.gov.cn/zhengce/2023-02/13/content_ 5741370. htm?dzb=true。
⑤ 方宏萍、马连刚、余韬：《乡村振兴背景下 B 市农村人居环境整治中的问题与对策研究》，《四川环境》2023 年第 5 期。

相关规定，截至 2020 年，全国范围内已经有 1 753 个市、县系统开展无障碍环境建设，开展无障碍环境监护室检查 7 875 次，[1] 全国村（社区）综合服务设施中有 81.05% 的出入口，56.58% 的服务柜台、38.66% 的厕所进行了无障碍建设和改造。[2]

（四）物质生活世界的改善还表现为贫困户生活水平和生活质量的提高

生活水平不仅包括住房、收入，同时还表现为饮食、消费、支出等多个方面。相关数据显示，2018—2021 年，城镇居民人均可支配收入年均增长率为 6.93%，而农村居民人均可支配收入年均增长率高达 9.84%。同一时期，城镇居民人均消费支出年均增长率为 5.36%，农村居民人均消费支出年均增长率为 10.43%。[3] 此外，根据《2019 年全国残疾人家庭收入状况调查报告》，2016 年残疾人家庭在衣着方面的支出为 405.1 元，2017 年则增加为 434.8 元，2018 年增至 464.5 元。残疾人家庭在衣着方面的支出呈缓慢上升趋势。

上述数据均充分反映出精准扶贫对于农村贫困群体物质生活世界改善所作出的贡献。

二、效果之二：不断充实的精神世界

（一）电视、网络的普及丰富了贫困户的精神生活

电视在农村的普及要早于互联网。数据显示，2006 年，全国范围内每百户农民家庭拥有彩色电视机 87.3 台，同一时期，河南省每百户农民家庭拥有彩色电视机 86.1 台，略低于全国平均水平；2016 年每百户居民拥有彩色电视机的数量增长为 115.2 台，河南省的数据为 113.7 台。[4] 电视在农村的普及经历了一段较为漫长的历程。在 20 世纪 80 年代，只有极少数农村富裕家庭才买得起电视，那一时期，拥有电视机成为富裕农民家庭区别于其他家庭以及迈向现代化的重要标志，同时也是农民了解外部世界的重要窗口。伴随着农村居民收入水

---

[1]《2021 年残疾人事业发展统计公报》，http：//www.cdpf.prg.cn/zwgk/0047d5911ba3455396faefcf268c4369.htm。
[2]《〈全面建成小康社会：中国人权事业发展的光辉篇章〉白皮书》，http：//www.scio.gov.cn/zfbps/ndhf/44691/Document/1710614/1710614。
[3] 根据《中华人民共和国国民经济和社会发展统计公报》数据计算。
[4] 河南省统计局、国家统计局河南调查总队：《河南统计年鉴 2017》，中国统计出版社 2017 年版。

平的提高以及电视机作为耐用消费品价格的相对下降,电视机开始走进越来越多的农民家庭。调研发现,即便是贫困户家庭拥有彩色电视机的比率也相对较高。

再看互联网的发展进程。根据中国互联网络信息中心公布的数据,截至2022年12月,我国网民规模达10.67亿,手机网民规模达10.65亿,较2021年12月增长3 636万,网民使用手机上网的比例为99.8%。同年,我国农村网民规模达3.08亿,占比28.9%,占农村总常住人口的62.73%。① 然而,在2006年,农村网民规模仅为2 310万,互联网普及率为3.1%;短短10多年,互联网在农村地区快速普及,尤其是以智能手机为载体的移动互联网更是飞速发展。

不同年龄段的群体,使用电视和网络的频率有所差异。对于老年群体而言,看电视是他们打发时间的主要方式。而年轻一代、中年群体使用手机上网、微信聊天或者看短视频的比率明显高于老年群体。研究发现,在不断增加的短视频用户中,每5个短视频用户中就有1个是农民。②

综合看来,无论是电视还是移动互联网,对于丰富贫困农民的精神生活都起到了不可估量的作用。调查发现,中青年留守妇女通过观看短视频打发时间的比例较高,并认为移动互联网极大地丰富了她们的日常生活世界。③ 即便对于没有普遍安装宽带的贫困户家庭,其成员依然可以通过手机流量实现上网、购物或者网络娱乐的目的。

(二)完善的扶贫政策提升了贫困户的幸福感

1. 幸福感属于个体内在的主观感受,具有较强的主观性,与扶贫政策之间具有较强的相关性

幸福感通常不容易进行直接测量,在各地的扶贫实践中,通常通过满意度进行间接测量。以山东菏泽为例,作为较早完成精准扶贫工作的地区,菏泽市

---

① 中国互联网络信息中心:《第51次中国互联网络发展状况统计报告》,https://www.cnnic.net.cn/n4/2023/0303/c88-10757.html。
② 杨彪、郭昊天:《农民的"出场":短视频中的乡村振兴图景与话语表征》,《新闻爱好者》2021年第2期。
③ 范会芳、张宝格、王旭冉:《移动互联网时代河南省中年留守女性生活世界调查》,《河南蓝皮书:2024年河南社会形势分析与预测》,社会科学文献出版社2024年版,第241—263页。

聚焦"老弱病残幼""鳏寡孤独痴"等特困群体，探索构筑起党政尽职、社会尽心、市场尽能、邻里尽情、子女尽孝和个人尽量的"六尽"互动互补的综合保障体系。调研发现，截至2020年9月，该地区有436户享受低保政策，低保金足额发放率为100%。150户特困老人均享受分散供养补贴。298户家中有残疾人，享受相应的生活补贴和护理补贴，有73位55周岁以上的一、二级残疾人提前申请领取养老金，有96户享受残疾人无障碍改造，108户申请并享受残疾人精准康复服务。此外，在基本医疗方面，菏泽市开展建档立卡贫困人口信息与医疗保险参保缴费信息比对，实现基本医疗保险"全覆盖"。调查结果显示，所有受访对象均参加了城乡居民基本医疗保险，参保率达到100%。另外，贫困户均参与贫困人口特惠保险，贫困户家庭医生签约率100%。[1]

可以说，该地区通过制度兜底，实现贫困家庭的"应保尽保、应救尽救、应养尽养"。此外，每一户贫困户均有帮扶责任人，帮扶责任人到户频繁，帮扶责任人为贫困户提供的帮扶内容包括：政策宣传、登门慰问、协助落实各项扶贫政策以及帮忙干农活、打扫卫生等。总体来看，大多数帮扶责任人对贫困户家庭情况、主要致贫原因等都非常熟悉，能够很好地履行职责。贫困户对帮扶责任人整体上非常满意，群众满意度高达90%以上。[2] 完备、完善的兜底政策极大地改善了贫困户家庭的生活质量，扶贫干部周到、贴心的帮扶也增加了贫困户脱贫的信心，客观上增强了该群体的幸福感。

2. 基本医疗制度让贫困户的健康有了保障

"基本医疗有保障"是指让贫困人口在参加基本医疗保险的基础上，同时享受针对贫困户的特惠医疗保障政策，如住院时先诊疗后付费、免缴参保费等。该政策的实施一方面与世纪之初全国范围内因病致贫的家庭占比较高有关，同时也受到"底线公平"理论的影响。2003年，全国第三次国家卫生服务调查显示，全国有45%的患病农民应就诊而未就诊，30.3%的患病农民应住院而未住院。[3] 因病致贫成为许多家庭主要致贫原因。出于公平的考虑，加上我国经济在20世纪90年代之后的经济腾飞和社会发展，为农民群体提供基本的医疗保障成为可能。2003年开始实施的新型农村合作医疗制度在很大程度上解决了农

---

[1] 数据来源：《2020年菏泽市脱贫攻坚工作第三方评估报告》。
[2] 数据来源：《2020年菏泽市脱贫攻坚工作第三方评估报告》。
[3] 景天魁：《探索适合中国的民生建设新路》，《学习与探索》2019年第8期。

民因为疾病造成的家庭贫困问题。之后，大病补充保险制度作为补充进一步巩固了对于农民的医疗保障。根据笔者 2020 年 9 月在山东菏泽市的实地调研发现，"基本医疗有保障"得到了很好的落实。在 1 732 户受访对象中，城乡居民基本医疗保险的参保率达到 100%，贫困户家庭医生签约率达 100%。516 户因病住院的贫困户全部享受了相应的健康扶贫政策。此外，贫困户中凡患慢性病且经过认定的贫困户也都办理了慢性病卡，享受相关特惠政策。贫困人口就医基本实现"小病不出村、常见病不出乡镇、大病不出县"。2019 年在河南的调研也显示，有 81.3%的贫困户在健康扶贫中受益。

3. 教育扶贫政策落实到位

教育扶贫的措施主要包括：针对贫困家庭的学生提供免费营养餐、助学贷款，减免学杂费和发放寄宿补贴等。山东菏泽市的调查数据显示，1 732 户受访对象中在义务教育阶段符合入学条件的有 216 人，除 3 人因智力残疾未接受义务教育（均有送教上门服务）外，213 人均在校就读，义务教育入学率为 98.61%。政府对处于义务教育阶段的学生给予了免学费、免费发放教科书、发放生活补贴等政策。除此之外，在其他教育阶段（学前、高中、大学等）公立学校就读的贫困户子女均享受了相应的教育扶贫措施，学前教育阶段享受保教费和政府助学金的有 19 户，高中阶段足额享受免学费和国家助学金有 28 户，大学就读贫困学生有 55 户，均享受国家助学金，有 1 户今年考上大学还未申请。中职阶段 16 人享受免学费。河南省濮范台地区从教育扶贫中受益的贫困户占全部样本的 52.61%。

党的二十大报告明确指出，要进一步保障和改善民生，补齐民生短板。学术界近些年也在呼吁建设适合中国国情的普惠型福利社会。可以说，"两不愁三保障"体现的是"底线公平"的制度设计理念和政府首责、社会补偿原则，补的正是民生短板，是福利社会建设中的具体实践。"两不愁三保障"的全面实现充分体现了近些年国家反贫困战略所取得的伟大成就，同时也说明了我国的福利社会建设迈上了一个新的台阶。

"吃穿不愁"意味着之前的贫困家庭再不需要为了吃饭穿衣而发愁。这不仅意味着绝对贫困现象的消除以及我国"普惠+特惠"的福利制度建设取得了明显的成效，同时还意味着农民从此过上了幸福生活，他们的幸福感在制度的保障下得以大幅度提升。

（三）从长远来看，仍需继续提升农村居民的文化水平，进而从根本上改变贫困户的精神贫瘠，丰富其精神世界

客观地讲，改善贫困农民的物质生活世界相对容易，可是改善其精神世界相对较难。因为从根本上来讲，精神贫困不仅仅是因为物质条件的匮乏，精神贫困与个体的成长经历、成长环境以及受教育水平都有着密不可分的联系。在个体成长的童年时期，拮据的生活、受限制的环境会在一定程度上"限制"个体的创造性和发展空间，甚至可能养成贫困人群的性格和行为特征，比如拘谨、木讷、内向、保守、麻木等。然而，学校教育可以在很大程度上打破贫困的魔咒和陷阱。通过教育，贫困家庭的孩子可以培养起健全的人格，可以放飞想象力，可以通过读书而改变个体以及整个家庭的命运。因此，从根本上讲，教育是帮助贫困户摆脱贫困陷阱的根本出路。正因如此，在精准扶贫期间，国家通过建立和完善教育扶贫政策，面向贫困户，给予了从幼儿园到高等教育覆盖学校教育全过程的学费减免及物质、精神帮扶。从中可见国家对贫困家庭子女所寄予的厚望和期待。那么，受到教育扶贫政策帮扶的贫困家庭的子女是否因为教育扶贫政策而改变了命运，以及在多大程度上完成了教育目标，摆脱了贫困的再循环，改写了人生，笔者认为，这是一个值得继续追踪和深入研究的课题。

对于成年贫困户而言，精神世界的丰富不仅需要电视、手机和互联网，更需要一定的文化修养。前者可以认为是丰富其精神世界必要的外在条件，而后者属于必要的主观条件。那么，如何提升成年农民，尤其是贫困成年农民的文化水平？笔者认为，该问题的解决可以寄希望于社区教育与职业教育。20世纪二三十年代由梁漱溟、晏阳初等人发起的乡村建设运动可以作为今日继续乡村建设参考的范本。借鉴昔日乡建派的做法，一方面可以针对农民开展职业教育和技能培训，另一方面可以为他们开设生计课程、艺术课程和文化课程，不仅培养他们谋生的技能，同时培养他们的审美力、艺术修养，并提升他们的文化修养。从长远来看，乡村振兴战略中的人才振兴、组织振兴、文化振兴等可以为面向农民的职业教育、社区教育提供契机。相信伴随着乡村振兴战略向纵深推进，伴随着农村、农民迈向共同富裕，农村中相对贫困群体的精神世界也将日趋丰富，其精神文明程度也将得以大幅度提升。

三、效果之三： 逐渐改变的社会交往世界

社会交往世界的改变具有一定的滞后性以及惯性特征。相比之下，收入的增加以及物质条件的改善相对较为明显，但是交往范围和交往圈子则因年龄、性别以及是否留守而呈现出不同的特征。

（一）外部扶贫力量以及移动互联网的广泛使用影响贫困户的社会交往世界

进入21世纪，"三留守"群体（留守老人、留守儿童、留守妇女）成为农村常住人口的主要构成，同时也是贫困农民的主要构成。作为留守群体，他们的社会交往通常以血缘和地缘为主，其社会交往的主要特征是局限在村庄范围内。这一点前文已经进行论述，在此不再展开。

需要补充的是，在精准扶贫期间，贫困户的交往范围有所扩展。比如，在他们的社会交往人群中，除了原有的亲戚、邻里外，还增加了与扶贫干部、驻村第一书记、大学生志愿者以及外来社会组织的交往。与上述群体的交往虽然一定程度上带有单向、被动等特征，但笔者认为，与上述群体的交往客观上能够增加贫困户群体的自信心，扩展他们之前局限的交往世界。

此外，移动互联网的出现在很大程度上改变了农村留守群体的社会交往范围。比如，笔者主持的另外一项调查发现，农村留守女性的日常交往对象，除了邻居、亲戚之外，还增加了网友。[①] 社会交往发生的变化还包括交往方式和交往工具的变化。如果说移动互联网出现之前，人们之间的交往主要以面对面为主，当下则变为以智能手机的APP（微信、抖音等）为媒介的线上交往。许多村民主要通过微信群实现与邻居、家人以及亲戚的日常联系。

（二）外出务工导致贫困户的社会交往发生改变

农村青壮年劳动力外出务工已经成为近30年来农村地区常见的社会现象，外出务工后，他们的社会交往圈子是否发生了较大的变化呢？查阅相关文献发

[①] 范会芳、张宝格、王旭冉：《移动互联网时代河南省中年留守女性生活世界调查》，《河南蓝皮书：2024年河南社会形势分析与预测》，社会科学文献出版社2024年版，第241—263页。

现，该话题通常被纳入"农民工的社会融入"议题中进行讨论。农民工的社会融入问题主要涉及农民工在打工所在地的社会交往，与本文讨论的话题有一定的关联，但并不直接，在此不做过多的讨论。通过对外出务工者的通婚圈的讨论，则可以间接窥视在当前时代背景下外出务工农民的社会交往。

贺雪峰通过对南北中国农村的实地走访发现，在性别比失衡的现实背景下，传统的相对稳定的通婚圈被打破，跨地区、跨省婚姻越来越普遍，由此导致农村结婚年龄的低龄化以及异地婚姻的普遍化。[1] 也有学者从社会资本的角度分析了农村通婚圈的变化，发现拥有先赋社会资本越多的人，更倾向于近距离通婚；自致性社会资本拥有者，则更倾向于异地通婚。[2]

笔者在调查中发现，就农村的贫困户而言，因拥有较少的社会资本，经济条件差，所以他们的社会地位和社会声望都在当地处于社会底层。因此，对于贫困户的子女而言，他们更倾向于在外出务工的过程中寻找合适的结婚对象。一来可以减少家庭的经济负担，尤其是可以省去天价彩礼的支出，二来便于打工期间的相互陪伴和情感支持。但即便如此，也仍然有许多贫困户家的儿子难以找到合适的结婚对象而成为光棍。

（三）不断改善的道路交通条件客观上影响贫困户的社会交往范围

在此需要提及的还有农村的道路与交通条件的改善。笔者认为，这在很大程度上影响贫困户社会交往的范围。在许多贫困山区，尤其是老、少、边、穷地区，由于交通不便，有些贫困户老人一辈子可能都没能走出所在的山村。现在，精准扶贫基本上实现了村村通，不仅村庄内部道路，通向县城或者其他乡镇的公路都得以大幅度改善。在此基础上，许多贫困户可以借助家用交通工具，比如电动车、三轮车等或者搭乘公共交通工具外出或者进城。调查发现，道路修好之后，贫困户进城的频次大幅度增加。许多贫困户还将农副产品拿到集镇或者县城售卖，一定程度上增加了家庭收入，同时扩大了其社会交往的范围。

---

[1] 贺雪峰：《被打破的传统通婚圈——农村性别失衡下的代际关系新象》，《同舟共进》2018年第8期。
[2] 吴倩倩：《社会资本对农村通婚圈的影响研究》，《中国管理信息化》2018年第11期。

第 10 章

新时期基层治理的转向及贫困农民生活世界再审视

巩固拓展脱贫攻坚成果，增强脱贫地区和脱贫群众内生发展动力。统筹乡村基础设施和公共服务布局，建设宜居宜业和美乡村。

——党的二十大报告

第一节 新时期农村基层治理的转向

进入全面建设乡村振兴阶段以来，农村基层治理面临着新形势与新课题：脱贫攻坚战取得了全面胜利，农村地区消除了绝对贫困，我国在全面建成小康社会的基础上进入到乡村振兴阶段。在此阶段，国家势必会进一步加大对农村的投入力度，加快农村社会治理的步伐。在这种情况下，农村基层治理应该如何与乡村振兴结合起来，进而实现二者相互促进，最终实现农民共同富裕的目标，这是当前农村基层治理面临的新课题。

一、由"绝对贫困治理"向"相对贫困治理"的转变

党的十八大以来，在一系列精准扶贫措施的推动下，千百年来一直困扰我国的绝对贫困问题终于退出了历史的舞台，我国也开启了相对贫困问题的治理序幕。与绝对贫困相比，相对贫困具有多维性、隐蔽性与相对性等特征，其内涵与外延也更为丰富，这决定了农村基层治理的长期性与复杂性。

相对贫困和共同富裕二者之间是一个问题的两个方面，相对贫困治理实际上

也是迈向共同富裕的治理。从绝对贫困治理到相对贫困治理的转变，象征着我国从脱贫攻坚走向共同富裕的转变、从小康社会走向乡村振兴的转变。新时期，农村基层治理话语下的相对贫困治理问题应该关注三个基本点：一是解决好发展的不平衡、不充分问题。改革开放做大了经济蛋糕，但同时在一定程度上产生了经济发展的东西差异、沿海与内陆差异、城乡差异、阶层差异等问题。如何完善分配制度以弥合贫富鸿沟是相对贫困治理必须回答的问题。二是满足人民群众的美好生活需要。美好生活包括对物质生活、精神文化、生态环境等多层次需要，这是相对贫困治理出发点和落脚点。三是为个人自由发展提供充足的条件。治理相对贫困，必须充分激发个体发展的内在潜力，为其提供完备的发展环境与条件。

二、由以低收入人群为主向以中间阶层农户为主的转变

2020年10月29日，党的十九届五中全会审议通过了《中共中央关于制定国民经济和社会发展第十四个五年规划和二〇三五年远景目标的建议》，建议明确提出"要着力提高低收入群体收入，扩大中等收入群体"，到2035年实现"中等收入群体显著扩大"的远景目标。农村经济的快速发展拓宽了农民群体的收入渠道、提高了收入水平，越来越多的低收入农民在经济发展红利的助推下迈入了中等收入阶层。

中等收入群体比例不断扩大是社会经济发展的必然趋势，当前我国中等收入群体规模超4亿人，并以较快的速度增长，另外根据中国社会科学院农村研究所《中国农村发展报告2022》预测，到2035年，农村居民年人均可支配收入将达到42 801元，低收入农民群体的年可支配收入增幅最明显，农村居民中等收入群体占比将超过1/3，而到21世纪中叶，农村居民年人均可支配收入将提升至102 576元，接近50%的农村居民跻身中等收入群体。由此可见，我国农村地区"橄榄型"的社会结构正加速形成，这也决定了农村基层治理主要对象的转变，即由低收入人群为主的治理向以中间阶层农户为主的转变，新时期如何通过农村基层治理来减少低收入群体比例、扩大中等收入群体比例、鼓励高收入群体通过第三次分配反哺中低收入群体，成为农村基层治理的热点议题。

三、由单一主体向多元主体的转变

多元协同参与是新时期农村基层治理的一个重要特征。所谓的多元治理是

以不同主体为依托，在共同参与的前提下，发挥各主体优势以实现功能互补、协同合作的治理情景。农村基层治理从一元到多元的转变，是对多元主体参与农村治理诉求的积极回应，[1] 实际上也体现了我国农村治理体系迈向自觉性治理、适应性治理与协商性治理的进程，这是全过程人民民主在基层治理领域的生动写照。

进入新时期以来，农村基层治理面临着新的形势与问题，传统上单独依靠政府的治理模式不再适应新时期村庄场域下复杂化的治理场景，包括村民主体、社会力量等在内的多元力量在农村基层治理方面所表现出来的潜力，成为破解基层治理困局的根本出路。通过多元参与，既减轻了政府的治理压力，又能够为农村发展提供形式多样的资源补充，更有利于形成多元善治、共建共享的社会治理共同体。

四、由人情化向法治化的转变

受我国传统文化的深刻影响，长期以来，我国农村基层治理始终带有浓厚的"人情化"特征，呈现出"人情治理"与"伦理治理"的实践形态。毋庸置疑，在熟人社会的农村形态下，这种"人情治理""伦理治理"在维护社会秩序方面起到了一定的作用。然而伴随着农村人口频繁的流动和迁移，依靠人情和传统伦理进行治理的方式在新时期出现了失灵。农村社会冲突和矛盾的变化也要求基层政府提高农村基层治理能力的法治化水平，从而适应乡村振兴的发展要求。

我国《中华人民共和国乡村振兴促进法》是乡村振兴领域的第一部法律，其颁布标志着我国农村治理的法治化进程向前迈出了一大步，这为促进乡村产业振兴、人才振兴、文化振兴、生态振兴、组织振兴，推动城乡融合等提供了基本的法律依据。作为"三治融合"的重要一维，农村基层治理法治化已经成为推动农村基层社会治理创新的重要支撑、维护农村社会秩序稳定的重要基石，完善农村基层治理体系需要发挥法治在农村秩序维护、行为规范调节、基本权益保障、矛盾纠纷化解、价值利益整合等方面的功能，助力农村"有效治理"与"依法治理"，从而更好地服务于乡村振兴的大局。

---

[1] 辛璟怡、于水：《主体多元、权力交织与乡村适应性治理》，《求实》2020年第2期。

五、 由传统治理向数字治理的转变

伴随着我国物联网、大数据、云计算等数字技术的快速发展，农村基层治理也出现了明显的技术取向特征，以数字治理为代表的新型治理模式通过"理念—技术—制度"之间的互嵌，为治理的主体、治理的过程以及治理手段进行赋能，降低了治理的人工成本，同时也提高了治理的精细化程度，实现了农村基层治理效能的整体推进。

数字治理的出现改变了农村基层治理的形态。传统农村基层治理在信息传递、资源发掘、决策制定等方面受限于空间与时间等因素，往往存在信息不对称、资源开发能力有限、决策不透明等问题，而由信息技术所构建的数字场域延伸了乡村治理的空间，将原本分散的治理主体重新汇聚，即使是身处外地的村民也能够及时有效地参与农村治理，拓宽了农民参与的深度，保障了他们作为治理主体的知情权与参与权。

此外，数字化赋能乡村治理还涵盖了数字监督、综合治理信息化、智慧党建、"互联网+政务服务""互联网+医疗"、智慧养老等诸多场景内容。例如，推行基层大数据监督平台，可以使小微权力运行更趋于透明，保障权力行使过程可追踪、结果可查询。在综合治理信息化方面，数字化手段可以优化网格治理，将事件处置在早、化解在小，实现"身边事不出网格、小事不出村、矛盾纠纷不上交"，为维护农村社会治安提供有力支撑，增强基层治理的敏捷度。在智慧党建方面，将组织生活、理论学习、党员管理等内容搬上"云端"，可以增强农村在外流动党员参与学习的实效性，提升基层党组织党务工作管理效率和科学化水平。在"互联网+政务服务"方面，依托一体化在线政务服务平台和乡村便民服务中心，可以打通政务服务"最后一公里"，推动政府业务流程规范化、服务供给精准化。

第二节 新时期贫困农民生活世界的再审视

迄今为止，上至中央高层，下至地方政府、基层政府、学术界，对贫困户、相对贫困群体的关注可以说在很大程度上超过了其他诸多问题，不仅出台了大量关于脱贫攻坚的政策、文件，发表了浩如烟海的有关扶贫主题的文献，而且在实际上大大改善了贫困群体的生活条件，提升了他们的生活质量和幸福感。这充分说明了中央自上而下根治贫困问题的决心，也充分体现了社会主义制度的优越性以及实现共同富裕的决心。

一、继续关注相对贫困群体的物质生活世界

笔者认为，即便是在农村全面进入乡村振兴的新时期，在贫困户转变为相对贫困群体的新阶段，生活世界依然是一个了解和帮扶相对贫困群体的绝佳视角和切入点。这不仅仅在于生活世界的直观性，同时也在于该视角能够打通理论与现实世界之间的阻碍，可以让研究者更加快速、直观地获得对于研究对象的理解。

早在20世纪初，现象学大师胡塞尔就明确提出，要回归生活世界。而所谓现象学的"还原"是指去掉所有外在的遮蔽，直面现象和问题本身。目前学术界对于各类贫困人群的关注和研究仍然在持续，其中涉及不同学科、不同视角。笔者认为，回到贫困群体的生活世界，观察和了解他们目前的生活状况、一日三餐、在意的事情、生活里的喜怒哀乐等这些看起来较为微观的"细节"，恰恰可以发现他们生活世界的真实存在。

就农村的基层工作者而言，比如驻村第一书记、村干部等，在精准扶贫期间，无论是入户探访，还是落实扶贫政策，其实都是在"进入"贫困户的生活世界，同时也在不断借助各种力量，全力改变贫困户的物质与精神世界。

进入乡村振兴阶段，国家自上而下持续关注原有的贫困户群体。对于可能存在返贫风险的家庭，将其作为重点"监测户"进行帮扶，一方面及时了解他们的生活及收入状况，另一方面通过延续原有的扶贫政策进一步巩固拓展脱贫攻坚成果。具体而言，各地根据扶贫工作会议精神，制定了"关于建立防止返贫监测和帮扶机制的实施意见"。从中央到地方的这一整套防止返贫的预警系统、监测系统，从制度上保障了贫困户稳定脱贫，同时有效推动了从精准扶贫到乡村振兴的转变。

二、要想方设法提升贫困家庭成员的素质，丰富他们的精神生活世界

正如各地扶贫调查数据所呈现的那样，脱贫攻坚最后阶段的贫困户大多属于"老、弱、病、残"群体，他们不仅整体上文化程度较低，同时也因残疾或者疾病部分丧失了脱贫的能力。在这样的前提下，国家各项、各类扶贫政

策兜底，可以在一定程度上改善该群体的物质生活水平，也可以通过扶贫、扶志和扶智逐渐改变他们的生活习惯，帮助他们养成爱干净、讲卫生的好习惯等，进而逐渐改变他们的生活世界。这些在现实中都有鲜活的例子可以佐证。

然而，就贫困户的精神生活而言，尽管不容易进行测量，但是参与扶贫实践的相关方大多不约而同地认为，贫困户存在"精神贫困"问题，具体表现为：少数贫困户脱贫动力不强，对于扶贫政策和扶贫干部心存依赖，甚至在收入提高之后依然不愿意脱贫，等等。笔者认为，上述现象的确属于精神贫困的表现，但还不是全部。精神贫困同时也表现为：精神生活的匮乏，日常生活的无意义感、无力感以及在困境面前的逆来顺受，等等。当然，这些也并不是所有贫困家庭精神世界的全貌。部分贫困户尽管物质条件较差，但是依然乐观、坚强，同时心地善良，对于外界帮扶者心存感激。他们的精神世界未必匮乏，有些甚至很丰富，因为生活有希望，生计有寄托。

不可否认的是，近些年国家对于农村地区基础设施和公共服务的投入极大地提高了农村地区有线电视、互联网的普及率。而电视、网络是新时期提升农民整体素质、丰富他们的精神世界的有效途径和方法。笔者甚至认为，互联网为每个个体打开的世界、所产生的影响远远超过以往一切的媒介和工具。互联网甚至可以在一定程度上促进个体现代意识的觉醒，大大丰富农民的精神世界，提升农民的整体素质。

整体看来，帮助农村贫困家庭彻底摆脱贫困，根本的途径还是教育。教育不仅包括学校教育，同时也指社区教育、网络教育等。从帮扶贫困家庭子女入学着手，落实对贫困户家庭子女的教育补贴，帮助贫困户子女通过上学、读书改变命运，这也是精准扶贫期间教育扶贫政策设计的初衷，同时也是帮助贫困群体彻底脱贫的根本之策。

长远来讲，地方政府、教育部门依然需要坚持教育扶贫的政策，鼓励、帮助相对贫困家庭的子女通过教育脱贫。教育所赋予个体的知识、眼界、视野，也将在根本上提升个体的自主意识，丰富个体的精神世界。

三、加快推进乡镇社工站的建设，以社工+志愿者的力量丰富贫困农民的生活世界

当下，乡村振兴成为助推农村迈向新阶段的强大动力。乡村振兴不能仅仅

依靠外部力量，同时也需要有现代意识和理念的新型农民以及身心素质良好的健康农民。根据笔者多年来深入贫困户家庭的经历和观察，许多家庭的贫困表面看起来是因为疾病，其实根本原因是长期的不良生活习惯。举个简单的例子，许多农民家庭的一日三餐习惯于重盐和重油。而上述饮食习惯所导致的危害其实许多农民并不明确知晓。基于习惯而非基于科学和合理营养结构的饮食，从长期来看将极大地威胁个体的身体健康。如果说，在精准扶贫之前，许多家庭的饮食习惯是经济拮据所造成的话，那么进入新时期，伴随着农民家庭经济收入的大幅度提高，倡导健康饮食和科学饮食已经具备了相应的经济基础，是时候帮助农民树立和养成健康饮食和习惯了。那么，由谁来肩负起农民家庭生活习惯养成的重任？

笔者认为，当下全国正在推进基层治理现代化，同时中央刚刚成立了社会工作部。在农村地区建立乡镇社工站，让社会工作者成为助力乡村振兴的另外一支力量，此举将会加快基层治理现代化的步伐。就相对贫困群体的治理而言，可以充分借助乡镇社工的力量，由社工发挥社会资源链接的作用，联合各类志愿者，其中包括在校大学生、专家志愿者团队（医生、教师等），让他们时常下乡针对农民展开健康知识讲座，或者开展义诊活动。当然，前提是坚持党建引领。以社工、志愿者为代表的社会力量进入乡村的过程中，需要与当地乡（镇）负责人对接，同时还需要密切联系村干部以及驻村书记等。社会力量只有融入乡村，获得村庄治理者的信任和支持，才可以放开手脚发挥作用。

四、通过制度完善和调整结构，实现对于贫困群体生活世界质量的提升

首先，要努力减少低收入群体比例。无论是在何种收入结构中，低收入人群往往都处于相对弱势的地位，成为社会发展需要重点关怀的群体。这就需要通过完善低收入人群的社会保障体系、加快推进低收入人群的技能培训常态化等方式，帮助他们增加收入、提高技能水平，逐步迈入中等收入群体行列。

其次，扩大中等收入群体比例也是农村基层治理的重要任务之一。中等收入群体是新时期农村基层治理的重要关注对象，新时期农村基层治理应该关注"扩中"的渠道，优化产业结构，创造更多的就业机会，为农村居民提供更广阔的发展空间，让更多的人进入中等收入群体。同时，要重视扩大这部分群体

的社会参与，及时解决中低收入群体面临的"急难愁盼"问题，从而为中等收入群体的扩大提供更广泛的社会基础。

最后，要积极鼓励高收入群体通过多种方式反哺中低收入群体。高收入群体在社会发展中起到了引领作用，他们的财富和资源可以为中低收入群体提供帮助和支持，可以通过税收调节、公益慈善、志愿服务等方式，鼓励高收入群体回馈社会、关注弱势群体；同时也应该建立有效的激励机制和良好的创业环境，鼓励高等收入群体回乡创业，从而缩小农村地区的收入差距。

第三节 结语

进入乡村振兴阶段，贫困农民群体连同社会大众对他们的刻板印象将逐渐消失或者得以修正。然而，从社会分层的角度来看，从贫困户转变为相对贫困群体，他们仍然是社会中的弱势一方。当然，任何时代，任何地域，社会结构中社会底层总是不可避免的存在。然而，作为社会治理核心主体的政府，不能放任社会结构中贫困群体和富人群体之间鸿沟的进一步扩大，相反应该通过发展经济、完善社会政策等途径缩小贫富差距，缩减社会底层群体的规模，提升中间阶层的比重，从根本上提高所有国民的生活水平和福利待遇。关注贫困群体的生活世界，既是社会主义国家从社会公平角度出发对社会底层群体的人文关怀，同时也是出于社会稳定和可持续发展角度的综合考量。只有让农村相对贫困群体摆脱了贫困，让他们过上富裕、幸福的生活，我们国家才算真正实现了"共同富裕"的目标。

需要承认的是，生活世界在客观上属于微观的视角。从细微处着眼，有其具体和独到之处，但同时也要警惕"只见树木、不见森林"的认识论局限。这一点，笔者在研究的过程中时刻提醒自己。毕竟，在微观和宏观之间，需要掌握好平衡，需要做好视角的切换。唯有如此，研究者的视角才不至于因为看到太多细枝末节和纷繁复杂的具体现象而陷入不可知论的困惑。同时，研究者得出的结论才能避免失之偏颇或者流于表面。因此，在前文中，笔者尝试将研究者的主观观察和数据所呈现的客观事实结合起来，力图描绘出贫困群体的生活世界的不同角度和不同面向。

尽管有基于上述认识论的自觉和些许清醒，但是笔者依然在研究的过程中不同程度地遭遇了上述困境。此外，更大的困境还来自从现实中进行抽象和概括的挑战。按照社会学中人文主义者的观点，每一个个体都是独特的，其内在的精神世界自然也具有独一无二的特性。如此，便无法按照类别进行归纳。然而，笔者还是顶着以偏概全的风险，综合运用了定量研究的思路和定性分析的方法，对精准扶贫期间的所谓"建档立卡"贫困户群体进行了分类、界定，同时对生活世界进行了操作化，分别从物质生活世界、精神生活世界等角度对贫困农民群体进行了描述和分析。从研究的类型来看，本书所呈现的方式与之前学术界的诸多研究可能有所不同，比如尝试打通理论社会学和经验社会学之间的壁垒，运用社会世界理论来分析经验世界中的特殊群体，分析的重点不在于为决策者提供解决问题的答案（实践中并不缺乏类似的答案和对策），而在于增加社会大众对脱贫攻坚这一历史性事件和贫困户这一具有时代特征的"弱势群体"的理解。笔者认为，基于微观视角的理解和基于客观事实的解读都将有助于社会大众摆脱既有的偏见和狭隘，进而得以从整体、客观的立场上来看待整个历史进程和整个群体，而这样的认识不仅是必要的，更是有益的。

但是笔者也深知，由于个人研究能力的局限，目前所呈现出的这份成果并不令人十分满意，可能还存在诸多不够完美之处。比如，对于贫困农民生活世界的挖掘还有待进一步深入，对于来自贫困户的自我叙述的故事还可以做更有深度的处理，等等。受新冠疫情影响，本研究的确受到了不少的干扰，但这些都不能作为上述不足的充足理由和借口。

在国家全面开启乡村振兴的新阶段，笔者将继续坚持人文研究的价值取向，继续坚持理论指导实践的学术方向，持续关注处于社会底层的弱势群体。今后笔者将借助其他相关课题研究的机会，不断完善此项研究，并在此基础上继续相关未完成的课题。

附录一　扶贫干部访谈资料

（一）

调研时间：2019年8月

访谈者：F

受访者：L市川口一中党支部书记H

访谈主题：个人参与精准扶贫的相关情况

F：扶贫检查主要检查什么内容？

H：扶贫检查主要是考核组进行的。到L市以后，随机抽查3个乡镇的3个村，三种类型。一类是贫困村，一类是脱贫村，还有一类是普通的非贫困村。这三种类型、三个乡镇，每年度检查两次，当年8月份检查一次，第二年的1月底再检查一次，然后在18个地市中排名。这是河南省的检查。国家级的检查是在年底。全年一般有4次检查：国家的、河南省的、三门峡市的，还有L市的。

F：你是扶贫书记吗？

H：不是，我是在C乡X村（地名）。原本是教育局承包精确扶贫，其实，教育局就包了3个乡镇7个村，包括川口乡的另外3个村。因为教育局干部比较少，X村一共有14户就分给了我们官图中心学校的校领导。我抽14个校级干部来帮川口乡X村。共有14户。

F：那你包了几户？

H：一户。教育局每个干部承包一户就可以了。X村是搬迁村，川口乡X村。以前有户人在山上，为了扶贫的需要，把X村从山上就搬到山下来了，到山下给他找了一个地方，给他盖了一个小院儿。

F：那之前给他们盖房子吗？盖一栋房子政府得花多少钱呢？

H：可能是村里给你补贴一部分，但自己盖为主。我包的这个贫困户叫JGJ。他原来有妻子还有两个女儿，后来兄弟四人中老大出事了，去世了。他是老二。

老三叫 JGH 也是原来没有工作，包了一个鱼塘，好像后来去南方打工去了。还有一个小妹。他和他前妻离婚了，离婚以后，前妻嫁人了，他大女儿也出嫁了，现在就他和他的小女儿在一块生活。应该是在 2018 年的元旦，他又结婚了。他妻子在 L 市的一个超市里打工。前几年他还没有离婚的时候，有次在地里开三轮车干活，回家的时候，因为他弟弟的村子离得比较远，路过的几个村民想搭他的顺风车回来。结果呢，半路车翻到沟里去了。一个车上坐四五个人，他也受伤了，那几个邻居可能有比较严重的，也有死了的，鉴定成交通事故了。邻居因此不依不饶，发生了纠纷。本来捎人是好心的，问题是车翻到沟里去了。这是十几年前的事情了。村委会也出面协调，可能赔了 10 多万元，有两个人出事呢。虽然不是很多，但他是农民没有钱。村委会也出面协调这个事情。他就因为这个事情欠债欠得比较多。作为一个农民，这个时候他的妻子看到这种情况，也感觉生活压力比较大，后来提离婚了。前年他父亲也去世了。

脱贫攻坚是 2014 年开始的，河南省从 2014 年开始扶贫。我们教育局是 2016 年 4 月开始正式进入脱贫结对帮扶工作。我是 2015 年 11 月份开始到川口乡 X 村。村里给我分的 JGJ 这一户。我们主要做政策宣传（宣传扶贫的好政策，金融扶贫、教育扶贫、卫生扶贫、民政扶贫等一二十项的各个方面的政策）。

F：是不是政策适合他们家就帮着他们落实？

H：对。这是其中的一部分。此外还有产业扶贫。因为这个村是由四个局包的。L 市教育局、L 市委宣传部、三门峡市林业局、L 市民办。四个局来包这个 X 村。这个村一共有 61 户贫困户，教育局包了 14 户。要求我们每月要去两次。上半月去一次，主要就是政策宣传、产业扶贫、结对帮扶。包括环境和卫生的整理，还有帮助人家解决实际的困难等等。我包的那户要一直包到 2020 年 12 月全国扶贫结束。

F：听说了，先到 2020 年。

H：又延长了，延长到 2021 年 6 月份。

F：还得有两年时间。

H：我们这两天很忙。第一要建一个明白卡。这个卡一式两份，村委会有一份、贫困户有一份，装在档案里。要把档案完善好。因为要先看档案，包括致贫的原因、帮扶的措施等。一本小册子有几十页。这是明白卡，我们要把它完善。第二就是政策宣讲，帮扶要了解很多金融政策、水利政策、房电政策、卫生政策、教育政策，哪些他适合享受的，必须让他全部享受。

F：这个JGJ，他孩子上学没？他们享受教育扶贫政策吗？

H：享受了。他大女儿都出嫁了，跟前妻了。小女儿，今年应该是八岁吧，在我们L市一个火车站幼儿园里。今年准备上一年级。她父母离婚以后，女儿一会儿跟着爸爸一会儿跟着妈妈，转来转去的。准备今年暑假以后，去Y镇的一个小学。她享受的是教育扶贫政策。按照规定，春季、秋季各发一次补贴。幼儿园一学期500元，包括学费、生活补助。

F：发现金吗？

H：嗯，通过打卡里的形式。贫困户办有一个卡，这个钱就直接打进去了。每年两次他都享受了。除了不花钱外，另外给他500元生活费。幼儿园不属于义务教育，要出学费。如果是贫困户的话，每学期补助500元，等于一年补助1 000元。幼儿园都是私立的。现在幼儿园学费有2 000—3 000元。她去年在铁路幼儿园上的，学费可能是2 000多元吧，学费一定要交的，我们就会另外补助一学期500元。JGJ享受了教育扶贫政策和卫生医疗政策。他每年每月大病救助、城乡保险也都享受了。

F：他还有劳动能力吗？出车祸他自己受伤了吗？

H：他大概是1970年出生的，出了车祸但是受伤不大。他家基本就是靠他在外面打工的收入，在建筑工地上给人家当小工。一天是150—200元，靠这个收入来维持他和他女儿的生计问题。他家里有几亩地，母亲在种。金融政策他可能没有享受。因为前些年他可能有几笔贷款延期了，人家信用社、银行把他划到失信名单里去了。2018年我们给他贷款的时候，经过核实以后，人家说他不太符合金融扶贫政策，他就没有享受。他这两天也一直还在L市打工。他的孩子应该是属于我们川口县，但因为孩子妈在L市，她想让小孩去尹庄镇的一个小学去上学。我到时候给人家校长说一下看能不能照顾。他前妻也有这个女儿的抚养权，我们也能理解母亲的这种心情，也想把女儿带在身边。两个人有时候因为这个也吵架。他基本情况就是这些。这两天天天去村里完善档案，他们的基本情况，我们必须要熟悉。把环境搞好，打扫一下，把院子里、屋子里整一整。然后政策要上墙，在墙上贴出来，检查组是要看的。

F：三门峡的贫困县现在有多少？

H：三门峡贫困县应该只有卢氏，L还不算贫困县。

F：人均纯收入达到多少算脱贫了？

H：2019 年人均要 3 700 元，2018 年是 3 400 元，2017 年是 3 208 元，2016 年是 3 026 元，2015 年是 2 588 元。

F：你记得怪清楚呢。

H：我就这样背过，书记掌握得很清楚。

F：3 700 元算脱贫吗？教育局包了十几户差不多都是这种情况吗？他们其他户的情况，你大概都了解吗？

H：贫困户是由村里报给乡里，然后乡报到县，县报到省城。现在都不一样了。大概是 2010 年左右，当时让县往省里报，当时报的时候没有想到会有这个脱贫攻坚政策。他们以为要有政策下来就报了很多的贫困户。结果呢，2013 年就把扶贫当成大事来抓了。原来给省里报的很低，比如说川口乡报了 100 户，这 100 户可能有 80 户确实是贫困户，有 20 户估计跟这个村的书记关系比较好（就给报上了）。到 2014 年，按第一次报的户数进行帮扶，X 村可能就是报了 61 户。到 2017 年，可能国家也发现这个情况，说个别贫困户有 4 间平房呀，有小车呀，有收入呀，不应该属于贫困户。从 2016 年底就开始逐年脱贫。到 2017 年又开始第二次精准识别，不是贫困户的就当年赶紧脱贫，是贫困户的继续帮扶。X 村应该都属于贫困户。经过 2017 年的二次识别以后，到目前为止所保留的应该都是贫困户。贫困户的界定是根据年人均纯收入 3 700 元的标准。比如，JGJ 这家有两口人，一年纯收入要达到 7 400 元。其实他这户 2017 年已经脱贫了，按照 2016 年的标准 3 026 元，他已经超过了。X 村 61 户贫困户有很多户都分别于 2016 年、2017 年、2018 年都脱贫了。现在的脱贫户已经不是很多了，可能有十几户属于 2019 年的脱贫户了，不太多了。有一半在 2017 年已经脱贫。

F：今年算是倒计时嘛，2019 年到 2020 年，剩几个月了，可能大多数都脱贫了。但我想问的是，老百姓收入这一块现在能算清了，打工收入、国家低保等，有的直接补贴性收入也算进去。那他们的支出都有哪些呢？

H：这家的支出，一是孩子上学的学费、生活费。第二是生病住院的费用。三是生产上的投入，如化肥、农药、水电等。

F：这些基本的生活开支，一般会有多少？我看老百姓在吃饭方面区别都不是太大。

H：我们有政策，就是一达标、两不愁三保障。一达标就是必须要按照国家规定，不要超过3 700元，要达到这个线。两不愁就是吃不愁穿不愁。三保障就是贫困户必须教育有保障，医疗有保障，住房有保障。现在除了那个未脱贫的贫困户以外，基本上都达到了"两不愁三保障"了。这一块贫困户已经不成问题。我们现在讲的是长远性扶贫，让贫困户有长远的经济收入。这几年贫困户大部分靠种植樱桃实现了脱贫。从2016年开始，就已经引进了樱桃产业。因为林业局包这个X村，林业局就免费发了很多樱桃苗子，每户按人口发，比如一户一口人三十株。所以，X村这几年就主要是靠樱桃产业走上了致富之路。

F：他们这里有合作社吗？还是自己卖？

H：他们村里有一个合作社，但是分两条路走。一是靠合作社走，可能价格稍微低了一些。二是靠农户自己销售，价格就比较高了。樱桃5月份上市30元一斤、25元一斤，给合作社可能就是20元、15元，会便宜一些，因为合作社批量收。也可以打工去，但农户倾向于自己去卖产品。

F：你们的身份是什么？给你们补贴吗？

H：好像没有。常驻的干部据说有补助。我们帮扶干部就没有补助。这里有两套班子，一是村委会，有一套原班人马，有村书记、村主任。二是驻村第一书记加上队员，这是一班人马。两套班子互相合作。第一书记重点就是扶贫，村委会班子一半搞扶贫，一半搞村级建设。还有很多事情，如计划生育、征兵入伍等。这两套班子在我们村配合得还是比较好。

F：双方会有矛盾吗？

H：有。有个村的村书记和第一书记关系比较僵。因为村书记势力比较大，第一书记是我们教育局副校长去当的。因为性格不合带来很大的麻烦。村书记也不支持工作，因为第一书记是脱贫攻坚这一块儿，村书记负责村的方方面面，不仅是脱贫攻坚。第一书记任期三年就走了，村书记五年一换届，换下来后还是村民。我们这个X村这三年来，两个班子配合也是非常好的。

F：去哪个贫困户家里是不是都提前定好的？

H：不是。一般3个乡3个村有3个类型的代表。

F：那现在的扶贫资金怎么拨付？

H：我不太熟悉，但每年国家都拨有扶贫资金。比如教育扶贫，这就属于扶贫资金了。这个钱由教育局发给贫困户。比如幼儿园，一学期补助500元，一年补助1 000元。寄宿生的生活补助是一学期400元，学费补助500元，一学期应该是900元，一年1 800元。中学生活补助400元，寄宿生补助625元，一学期1 025元，一年2 050元。小学一年1 800元，初中一年2 050元。

F：这笔钱是直接打到银行卡上吗？

H：对。

F：教育扶贫的钱根据学生的人数给？

H：L市教育局有一个学生资助管理中心。这个中心给L市教育上所有贫困户的孩子建立档案。1 000名贫困户其中有800户是有学生的。家有幼儿园的孩子那就享受1 000元补贴，小学享受1 800元，初中2 050元，高中3 000元以上。然后就根据人数和金额全部返还某个学校。由L市财政局提交给各学校，按照底数把钱拨下来。

F：根据人数上报给财政局再拨付？

H：嗯，由财务科就把钱拨到下面去，然后再发给家长。比如把贫困户的家长全部叫到学校，春季发一次，秋季发一次。发给家长本人的必须签字确认，签告知书。告知书一式两份，学校保留一份，贫困户家里贴一份，贴在贫困户的客厅里边。

F：那你们这个做得很细致。

H：必须得这样做。

F：其他的比如医疗口、卫生口这些都有各自的专项资金吗？

H：都有。比如一个贫困户，考驾照应该交3 500元，如果是贫困户，那么国家再给你另外减去2 000元。去医院看病，先住院先看病，看完病以后再结算。还有专项的医疗卫生报销政策，住房补贴，城建局也有扶贫专项资金。这也是考核组注意的一个关注点。

F：村里那些靠关系评定的贫困户脱贫后还享受这些政策吗？

H：脱贫以后他们还继续享受这些政策到2020年12月。因为我们要包到2020年12月。原来在扶贫办备案的贫困户，因为L市在2016年又进行了第二次精准识别。没有备案的贫困户，就不再安排帮扶人，也不再享受各种政策。

F：还有一些，可能实际上是贫困户，但之前没有被纳入系统。他们就没有办法享受这些政策了？

H：这在L市应该比较少。因为后来在我们X村又推行了第二次地毯式排查。原来的贫困户不用出去，原来没有纳入系统的则重新纳入。我听说 N 村 2017 年经过第二次精准识别以后，可能有 60 多户都退出了。上班的、有小车的、有产业的、有楼房的就不再是了。结果只有 17 户是贫困户。

F：去一个庄的时候，我看现在贫困村和非贫困村差别不大，村庄道路硬化都已经完成，这都是这几年扶贫时期做的吗？

H：基本上是。"六通"，每个村都要通水、通电、通路、通班车、通电视、通宽带。

F：要求每个村庄都要做到？

H：L 市现在所有村庄都实现了六通。

F：我看农村这几年的发展，通过扶贫变化还是比较大的。

H：这个政策是非常好的。我们也承认在 2010 年以前，L 市也有很多贫困村和贫困户。从 2014 年尤其到 2016 年国家加大扶贫力度以后，让单位进驻贫困村、让干部结对帮扶贫困户，这几年明显感觉到变化非常大。村里也有产业了，也实现六通了。贫困户的收入逐年稳定增加。

F：我们从国家到地方，做了大量的工作，你觉得老百姓对于扶贫的满意度怎么样，非贫困户又有什么样的评价呢？

H：总的来讲，这一块政策是非常好的，大家也非常满意。当然，也可能有个别贫困户，因为个人原因，他的很多要求是我们帮扶干部和帮扶单位无法实现的。比如给儿子介绍工作等，有些是不合理的要求。所以这些人会不满意。而在非贫困户这里我们也听到了弦外之音。以前我们给贫困户逢年过节送东西，非贫困户心里会有点不平衡，就容易说风凉话。村里也发现这个问题，跟进做了调整，比如统一协调，村里面再拿一部分钱来，给非贫困户发一点。总之，我们尽量减少矛盾。

F：老百姓（包括咱们村民、贫困户在内）精神层面的生活都有哪些呢？

H：分两个部分。一是村里有文化活动大院。逢年过节村里有庙会，有文艺活动。我们 L 市和文化局有一个科技文化法律三下乡活动，每一个村出一个文艺专业干部，由市里培训，然后回村里排文艺节目。二是帮扶单位，比如我们 L 市教育局有一个文艺小分队，合适的时候也会去搞文化下乡活动，歌舞、戏剧、快板都有。

F：那也不错，活动还不少。

H：我们讲扶贫就是两扶，扶贫首先要扶志，要有精神追求，有动力。扶贫也要扶精，就是精神文明。让贫困户有意志脱贫、有能力脱贫、有精神脱贫。

F：贫困户有没有出去打麻将或者赌博什么的？

H：贫困户都有帮扶干部对接，我们不仅要跟他讲扶贫政策、教育卫生，也跟他宣讲道德，要遵纪守法。

F：另外，我感觉你工作很有思路，文章写得也很漂亮。

H：我原来是洛阳师院历史系毕业的。不管怎么说，我是一个教育工作者，就是一门心思把教育这个园地锄好、耕好。

F：非常感谢您。

（二）

访谈时间：2019年11月16日

访谈人：F

受访者：L村第一书记C

访谈主题：精准扶贫的成效及过程

C：2018年年底，L地区脱贫10个县，省里要求2018年年底全部脱贫。

F：全部脱贫后，干部们就不用驻村了？

C：2019年6月底以前还得去，最后等国家验收。

F：脱贫以后，包村干部第一书记就可以回到原单位了？

C：不一定。河南省第一个脱贫的兰考县2018年4月脱贫，2017年和2018年还有驻村工作队，从扶贫工作队变成奔小康工作队。

F：之前包的那些贫困村，还有好多贫困户，那脱贫以后，一些输血性补贴还能持续吗？

C：2019年、2020年这两年持续。

F：脱贫贷款这一类的利息也可以继续拿是吧？

C：是的，像企业贷款类，企业给贫困户贴息，一般是一年3 000—3 200元，就相当于白白发给贫困户的。

F：这部分钱是政府垫资吗？

C：政府掏的，政府贴息。

F：专门用扶贫款来贴息。

C：政府贴息，脱贫不脱政策。到2018年底，特别困难的留一小部分由政府兜底，政府承包极少一部分，2018年、2019年脱贫的贫困户继续享受政策，如民政、教育、医疗等相关政策。

F：已经脱贫的贫困户继续享受政策吗？

C：是的。

F：重度贫困户的脱贫能力有没有提升？

C：实际上，脱贫户脱贫是按照省里的"两不愁三保障"的标准进行的。

F："五保户"是重度贫困，要么是重大残疾，要么是重病吗？

C：嗯。房子不好的话有危房改造项目，人均二三十平方米，可以盖个小房子自己住。贫困户家里若没有厨房或者卫生间，就给修个卫生间或厨房，包括大门、窗户等，这些都有暖心工程进行实施。

F：暖心工程这些项目都是由驻村工作队联系吗？

C：这些工作是由县或县级以上出台政策，暖心工程、危房改造由住建部门实施。住房条件比较差者，实施暖心工程和住房改造。医疗也是，贫困户在乡镇医院住院全免，县级医院有补贴。吃穿方面问题都不大，都给他们发钱。

F：现在政策验收是不是也看这些？

C：验收主要是看硬性条件，主要是对贫困户进行入户调查，询问情况，还检查剩余资金是否完全落实到位。

F：考核组入户访谈使用调查问卷吗？

C：有使用调查问卷。考核组问得比较详细，比如多长时间吃一次肉，饮食中有没有肉、蛋、奶等。这是由省扶贫办或者是国务院扶贫办统一设定的详细和客观的指标体系，对整个县怎么验收、贫困户怎么验收、非贫困户怎么验收等都有详细方案。有几个指标非常重要，"三率、一度"，贫困发生率、脱贫率、漏贫率（不能再有贫困户存在），"一度"就是群众满意度，这是很重要的一个指标。不允许有错退的情况。在2018年之前，L村还有75户、225人未脱贫。截至2018年年底还有13户、37人未脱贫。

F：为何还保留一部分不脱贫？

C：上级要求贫困发生率不超过2%，所以极困难群众将来政府兜底。

F：精准扶贫的意思就是要精准，不允许有漏评的。

C：对，也不允许有错退的。

F：如果作为贫困户已经退出了，就不能再进入贫困系统了？

C：以前退出的贫困户还享受政策，但是未脱贫的到2017年、2018年要全部脱贫。

F：不符合脱贫条件的就不能先退？

C：对的。不符合条件脱贫的漏评率和错退率要求是零，群众满意度要达到95%以上。这是一个很重要的指标。

F：另外，贫困户的收入调查是怎么做的？2017年和2018年界定贫困户的标准是多少？

C：2018年是人均年收入在3 400元以下的为贫困户。

F：贫困户的家庭收入来源情况有没有具体的统计？

C：从当年10月1日到第二年9月30日，这样算一整年。2017年的账从2017年10月1日到2018年9月30日截止。

F：农民大病医保的免除部分不能算作贫困户的收入吧？

C：教育、医疗、危房改造、暖心工程，这些不算收入。

F：低保部分是计入贫困户收入的，此外还包括养老金、企业分红等。对贫困户的补贴还有哪些？

C：补贴收入包括低保、五保、粮食补贴、高龄补贴。80—90岁的人群每月补贴50元，90—100岁的人群每月补贴100元，超过100岁的人群补贴200元，即高龄补贴。

F：补贴算收入？

C：算是补贴性收入，基础养老金每月100元，这都属于补贴性收入。

F：农村老人的基础养老金都涨到100了？

C：2018年养老金就已经涨到100元。贫困户的收入还包括：务工性收入，这属于财产性收入；另一个是土地租金收入，每年土地租金有1 000—3 000元，（这些都）属于财产性收入；其他属于补贴性收入。另外，（Y）县有一个土政策，即孝心基金，对于困难家庭每月给补助500元生活费，县里在500元的基础上每月补贴50元。县财政补贴是孝心基金，本金、利息都算作贫困户的收入，即子女赡养费。70岁以上的老人，每个子女每月给自己父母账户打100元，县级财政每月补贴50元，每月最多不超过500元。其他地方也有类似做法。

F：贫困线只算收入，有没有算过日常消费？

C：日常消费不算，种地的收入一般都很少。一亩地种花生一年假如卖800块，支出至少200块，人工的投入没有计算在内，只算化肥、农药、种子。对一年整体经济收入影响不是很大。在未脱贫的贫困户中，如果只算经济收入，人均基本在4 500元之上。生活都不成问题，主要是考核其他的。比如一家有两个80多岁的老人，脱贫能力很差，住房条件比较差，这种家庭一般都不容易脱贫。但仅从经济收入方面计算也能脱贫。

F：日常支出相关统计方都没有进行计算，但重大支出，比如看病，国家又有报销政策，所以这块也花不了太多。

C：对。国家有医保补贴。如大病，在县级医院一个疗程或者两个疗程，基本上花不了多少钱。但是对于癌症等重大疾病的支出相对多些，新农合报销完毕，基本上自己支付的部分每年不超过1万元。

F：所谓吃穿不愁，其实只能说维持温饱的水平。

C：对，能够保证贫困户吃饱饭，有衣穿，但是这些都是基本的水准，仅限于基本保障。

（三）

访谈时间：2019年11月20日

访谈人：A

受访者：贫困村村干部B

访谈主题：精准扶贫的过程

A：现在咱们村有多少贫困户？

B：2018年脱贫3户，2019年脱贫了15户，咱们原来是19户贫困户，剩了3户兜底户。

A：兜底的是什么情况呢？

B：有一户兜底的是家里两个大人精神方面有问题，小孩子也智力有问题。还有一户是孤寡老人，五保户，无儿无女，自己是盲人。还有一户是重病，尿毒症。村里就剩了这3户贫困户。

A：那他们都享受什么政策？

B：土地流转，有信用贷款的养殖种植等。

A：咱们这地方有什么特色产业吗？

B：这两年种植的有有机花生、大豆、玉米、辣椒、中药材。

A：这两年他们收入怎么样？

B：收入是可以了，有国家扶持的小额贷款，有低保和五保。现在上级政府又进行"五改一整"的改造，看病是先看病后拿钱，基本都不用花钱。小孩上学都有雨露计划，一直到大学都有补贴钱。

A：脱贫攻坚之后就是乡村振兴？

B：乡村振兴是下一步计划，主要是牵扯一个村集体的收入，发挥乡贤的作用。在外边挣钱的回来支持家乡建设。咱们修路的一部分是乡贤的钱。

A：乡贤也一般在外面工作？

B：咱们成立了乡贤服务部，乡贤回来之后报个到，有的在外上班，并不是挣得多了才捐钱。

A：那咱们留在村里的年轻人多吗？

B：现在年轻人大部分都在郑州、广州打工，很少有留在村子里的。现在年轻人大部分也都成家了。

（四）

访谈时间：2019年8月22日

访谈人：Z

受访者：贫困村L村支书

访谈主题：村基本情况与精准扶贫政策

1. 请介绍一下全村基本情况和贫困状况。

L村是非贫困村，位于L镇政府所在地。全村共有13个村民小组，耕地面积1 664亩，人均耕地0.71亩。村主要产业为鞋制品加工、旅游配套服务等，村三委班子健全，党员63名，定点帮扶单位为Y县产业集聚区管委会、L镇人民政府。

全村总户数650户2 328人，其中建档立卡贫困户74户218人（不含标注稳定脱贫10户29人），低保户129户135人（其中纳入建档立卡贫困户50户

53人），分散供养五保10户10人（其中纳入建档立卡贫困户9户17人），大病户4户13人（其中纳入建档立卡贫困户4户13人），危房户13户22人（其中纳入建档立卡户12户21人），已实现危房改造13户22人（其中建档立卡户12户21人）。

截至2019年年底，已脱贫68户208人，其中：2015年脱贫7户19人，2016年脱贫9户29人，2017年脱贫5户18人，2018年脱贫40户116人，2019年脱贫7户26人。目前还有贫困户6户10人。

现有建档立卡（享受政策）贫困户中，因病致贫的37户106人，占贫困人口的48.6%；因残致贫的21户69人；占贫困人口的31.7%；缺技术的5户16人，占贫困人口的7.3%；缺劳动力7户12人，占贫困人口的5.5%。缺资金的2户8人，占贫困人口的3.7%，因学致贫的2户7人，占贫困人口的3.2%。

2. 请逐项介绍你们村村级组织建设、扶贫对象识别退出、脱贫措施精准、扶贫项目公示公告、基础设施和公共服务建设工作开展情况。

村三委班子齐全，共10名。目前L村两委干部有11人。支部书记H（镇党委副书记兼任）、村委会主任W、支部委员3人、村委委员2人、村监会主任1人，村监会委员2人，会计1人。基本具备高中学历，年富力强，工作热情高，工作能力强。扶贫对象识别退出、脱贫措施精准、扶贫项目公示公告、基础设施和公共服务建设严格按照"四议两公开"工作法开展。

3. 请详细介绍你们村巩固提升村、户脱贫成果情况。

全村共74户贫困户，截至目前，共脱贫68户，还有6户10人，可于2020年脱贫。发展生产脱贫一批、易地扶贫搬迁脱贫一批、生态补偿脱贫一批、发展教育脱贫一批、社会保障兜底一批。

4. 请介绍你们村在解决"两不愁三保障"突出问题方面，具体措施和成效。

（1）产业扶贫：2019年拟依靠七彩花海和尚书故里项目，到七彩花海工地务工和发展旅游配套产业。村集体经济屋顶光伏共计收入2.99万元，共带贫49户。扶贫车间带贫7户，武平光伏发电带贫4户。2019年户贷户用6户。

（2）转移就业：贫困户中有劳动力的有46户，外出务工39人，村致富带头人培训了1人，怡鑫鞋帮负责人带动43户群众劳动致富，其中贫困户7户。带贫效果明显，不出村，在家门口务工，工作生活两不误。

雨露计划培训了6人。该村现有村级保洁员7人，每月补贴800元；中原农保协保员10人，每年补贴3 200元；村级护林员6人，每年补贴6 000元；河道巡河员1人，每年补贴3 600元。

（3）金融扶贫：2019年户贷户用6户，没有逾期，全部用于种植或养殖。

（4）健康扶贫政策：享受城乡居民医疗保险缴费补贴五保贫困户每人补贴250元，低保、"五保"人口每人补贴250元，一般贫困人口每人60元，并为74户贫困户发放医疗爱心箱。

（5）教育扶贫政策：2019年共计为全村18名在校贫困学生（其中学前教育6人、义务教育8人、高中及中等职业教育1人、大专及以上3人）发放补贴29 300元。

（6）住房保障：2017年为3户贫困户实施D级危房改造补贴每户16 400元；2018年为4户贫困户实施D级危房改造。

（7）兜底保障：对患大病、无劳动力等不能通过自身努力和产业扶贫等措施稳定脱贫的贫困户，通过政策兜底实现稳定脱贫。

5. 请介绍你们村扶贫信访工作的展开情况和解决效果。

村委有专人（村委委员、村警）负责，通过村三委干部入户走访、帮扶责任人反馈、群众反馈等形式排查出问题，做好政策落实和解答，化解矛盾。村班子对村中的大小事情（含群众信访问题）采用"四议两公开"工作法，"小事不出组，大事不出村"。目前，村内无信访问题。

6. 请介绍"三个清零"行动的开展情况。

在"三清零"活动中，村三委、脱贫攻坚组、帮扶人组织召开了部署动员会议，严格对照"一收入、两不愁、三保障"标准，紧盯"三落实、四不摘"工作要求，组织15名帮扶人员和村三委干部对我村650农户进行全面核查、逐户过筛，做到立整立改，真正做到了问题清零、任务清零、信访清零，巩固提升脱贫成效。

下一步，举一反三、立整立改，持续开展"九个一"大走访、脱贫成效"回头看"活动。

7. 请介绍脱贫攻坚"回头看"的开展情况。

脱贫攻坚"回头看"工作严格按照县、镇的工作安排，组织村三委干部、帮扶责任人对全村650户、74户贫困户进行入户走访，查出的问题已全部整改。

下一步，举一反三、立整立改，持续开展"九个一"大走访、脱贫成效"回头看"活动，工作持续推进，确保今年L村6户贫困户实现脱贫。

8. 请介绍如何学习贯彻落实习近平总书记关于脱贫攻坚的重要论述。

对于L村来说，严格按照"四议、两公开"工作法，开好几个会议，在每年年初召开全体党员和群众代表会议，对全年的工作进行安排、谋划。结合基层工作实际，认真组织党员和村三委干部学习习近平总书记关于脱贫攻坚的重要论述，把中央的重要决策落实到基层工作实践中。村里有专门学习会议记录。

9. 请介绍疫情防控期间如何开展脱贫攻坚工作。

新冠疫情防控期间，作为村党支部书记，在L镇党委、政府的领导下，和村三委干部和部分贫困群众一起，开展疫情防控工作。和其他同志一起在卡点值班，对出入的群众做好体温测量和登记工作。组织外地回来的群众及时做好居家隔离并及时测量体温上报。另外，对因年龄较大购买生活用品不方便的群众，组织村干部和党员志愿者，为他们采购生活用品，确保他们疫情期间的生活不受影响。

（五）

访谈时间：2019年8月25日

访谈人：Z

受访者：贫困村L村第一书记

访谈主题：村基本情况与精准扶贫政策

1. 请介绍作为第一书记或队员，对驻村帮扶的村，如何建强基层组织、推动精准扶贫。

建强基层组织。一是抓支部班子建设。定期召开支委会议，明确各自职责任务、工作目标，增强党支部班子的整体合力。二是抓党员队伍建设。每年制定党员教育计划，通过定期举办专题讲座、开展微型党课等方式，组织党员学习党规党章和习近平总书记系列讲话，以及党的十九大、十九届二中、三中四中全会精神，着力增强"四个意识"。三是抓组织制度建设。坚持和运用好"三会一课"、组织生活会、民主评议党员等基本组织制度。把主题党日作为"两学一做"的重要载体开展起来，既要做好"规定动作"，又要做好"自选动作"。

推动精准扶贫。驻村以来严格按照"六个精准"和"六步工作法",依照贫困户进入、退出程序,带领村干部进村入户实地调查,开展贫困户的筛选、档卡资料的完善和规范工作,组织帮扶人针对贫困户实际家庭情况,开展结对帮扶,每周不少于两次,与贫困户共同制定完善和可操作的帮扶计划开展帮扶,并持续跟踪、及时调整,大力发展产业带动,鼓励贫困户开拓思路,自己发展产业。

为民办事服务。驻村以来围绕"两不愁三保障",在基础设施建设、产业发展、行业部门政策、群众精神文化活动上开展工作。

提升治理水平。一是坚持治理规范化。坚持推进重大事项由村党支部提议、两委会商议、党员大会审议、村民代表会议决议,以及决议公开、实施结果公开等做法,推进村务、党务公开。二是完善村干部选人用人机制。加强对大学毕业生、退伍军人、私营企业主、返乡务工人员等新生代村干部的培养和选拔,以改变目前村干部年龄渐趋老龄化、学历偏低等难以适应新形势的现状。三是完善议事决策机制。严格执行"一事一议"制度,严格履行程序。凡涉及农村各项事业发展的重要事项,尤其是重大村务和财务事项,都要依法召开村民会议或村民代表大会讨论决定,努力提高村务管理和决策的科学化、民主化水平,确保村务管理公开透明、公平公正。

2. 请介绍"两委"工作能力及扶贫责任落实情况。

按照县、镇扶贫工作安排,每周四、周五为帮扶对接日,15 名帮扶人先到大队部进行政策培训和本周帮扶对接工作学习,然后到自己所分包的贫困户家中,开展帮扶对接工作。下班前每名帮扶人对自己一天的工作进行总结,帮扶中发现的问题及时上报脱贫攻坚责任组,责任组研判后进行解决。L 村脱贫攻坚责任组每两周召开一次会议,专题研究扶贫工作,对存在的问题,及时解决,并做好后续的跟进工作。

3. 请介绍你们县和所在单位对第一书记(驻村工作队)的管理、支持、服务措施和落实情况。

县委组织部对第一书记管理很严格,组织举办了第一书记上岗培训学习班,我严格执行"五天四夜"工作制度,立足本职岗位,在村内开展工作,组织部、纪委不定期对第一书记(驻村工作队)进行暗访,确保工作实效,每年发放 1 万元工作经费。

我所在的单位要求很严格，不定期要求驻村工作队回单位汇报工作，要求"五天四夜"，用手机对第一书记和驻村工作队上下班时间实时定位签到，按照50元/天的标准发放工资，确保工作实效。

4. 请介绍你帮扶的每个贫困户的家庭情况、主要致贫原因和帮扶情况。

（1）WGZ：L镇L村4组低保贫困户，家中只有1口人（妻子S于2019年底去世）。WGZ现年71岁，患长期慢性病（帕金森病）。该户是因残致贫，于2017年5月被确定为贫困户，2018年脱贫。

2019年享受政策：① 低保金195元/月，困难残疾人生活补贴60元/月，养老金105元/月。② 家庭电费补贴16.8元/月。③ 春节前慰问，1袋米、1壶油。④ WGZ 1月份住院报销1 844.46元。

（2）FLD：L镇L村2组贫困户，家中共有4口人。户主FLD，女，现年51岁，眼睛有残疾，经鉴定为视力三级，现在在家务农。该户是因残致贫，于2017年5月被确定为贫困户。其子WXN，现年22岁，平时在家为中原农保协理员。其儿媳GYX，和WXN在一起生活。GYX于2017年生一女孩，平时和丈夫一起在洛阳务工。

帮扶措施：① 帮助WXN申请中原农保协理员，每季度800元，全年3 200元。② 全家4口人都加入新型农村合作医疗保险和大病保险，个人缴费有财政补贴，2020年财政补贴240元，享受有门诊统筹政策，有家庭医生签约服务。③ 春节慰问1袋米、1壶油。④ FLD 4月份住院补贴1 622.97元，6月份住院补贴1 634元。⑤ 村集体经济公益性岗位补贴925元。

（3）WRH：L镇L村4组贫困户，家中共有5口人。户主WRH现年46岁，现在洛阳务工，其妻子现年45岁，现在在家务农，其长子ZLL，现年19岁，平时在洛阳务工。次子WNK，脑瘫，现年13岁，小学在校生。其女WQK，现年8岁，全家劳动力3人，共有3亩地，其中1亩旱地，2亩水浇地。该户是因残致贫，于2016年6月被确定为贫困户，2018年脱贫。

帮扶措施：① WNK低保金300元/月，全年3 600元。② WNK残疾人两项补贴120元/月，全年1 440元。③ 每月电费补贴5.6元，全年补贴67.2元。④ 全家5口人都加入新型农村合作医疗保险和大病保险，个人缴费有财政补贴，2020年财政补贴490元，享受有门诊统筹政策，有家庭医生签约服务。⑤ 春节前慰问1袋米、1壶油。

（4）WYT：L 镇 L 村 1 组贫困户，家中共有 6 口人。户主 WYT 现年 70 岁，现在家务农，其妻子 FXJ 现年 72 岁，身体残疾，其子 WSF 现年 49 岁，身体残疾，其儿媳 FZH 现年 47 岁，现在外务工，其孙女 20 岁，洛阳职业技术学院在校生，其孙子 13 岁，L 初中在校生。全家劳动力 3 人，共有 2 亩地，其中 1 亩旱地，1 亩水浇地。该户是因残致贫，于 2016 年 6 月被确定为贫困户，2018 年脱贫。

帮扶措施：① FXJ A 类低保，300 元/月，残疾人两项补贴 120 元/月。② WSF B 类低保，195 元/月，残疾人生活补贴 60 元/月。③ 全家 6 口人都加入新型农村合作医疗保险和大病保险，个人缴费有财政补贴，2020 年财政补贴 740 元，享受有门诊统筹政策，有家庭医生签约服务。④ 春节前慰问 1 袋米、1 壶油。⑤ 经镇政府技术培训后，其儿媳 FZH 外出务工。

（5）LP：L 镇 L 村 10 组低保贫困户，家中共有 2 口人。户主 LP 现年 84 岁，患有脑梗塞后遗症，其妻子 WHD，现年 78 岁，属于残疾人（聋哑人）。该户是因残致贫，于 2017 年 5 月被确定为贫困户。

帮扶措施：① LP C 类低保，165 元/月。② WHD A 类低保，300 元/月，残疾人两项补贴 120 元/月。③ 全家 2 口人都加入新型农村合作医疗保险和大病保险，个人缴费有财政补贴，2020 年财政补贴 500 元，享受有门诊统筹政策，有家庭医生签约服务。④ 春节前慰问 1 袋米、1 壶油。⑤ 协调其女儿及时足额支付其赡养费。

附录二　贫困户访谈资料

（一）

访谈时间：2019年9月4日

访谈人：Z

受访者：贫困户L

访谈主题：家庭基本情况

Z：您身体怎么样啊？

L：我患有糖尿病，高血压，帕金森病，动过4次大手术。有一次从屋顶上掉下来，还做过子宫切除，腰椎不舒服，做过一次手术。

Z：您老伴儿前两年不在了？

L：他什么时候走的我都记不清了，走了三四年了。老伴儿是患脑瘤走的，之前还有一个闺女。

Z：听说您女儿是之前从亲戚那里抱来的？

L：是老伴儿头婚带过来的，后来户口入我名下。后来结婚了，把户口挪走了，女婿的户口没有挪走。

Z：女儿也不经常回来吗？

L：不常回来。

Z：那你女儿当时是抱养的是吗？

L：是的。

Z：那你抱她的时候她多大了？

L：我也记不清了。好像是出生14天的时候就抱过来了。

Z：那她是孤儿吗？

L：具体什么情况我也不知道。

Z：那您今年多大了？

L：我1951年出生的。生了40多年的病了，动了4次手术以后总算没事了，谁知道临了又得了脑梗偏瘫。

　　Z：需要吃好多药是吗？

　　L：一天都需要吃好多次。每个月都需要吃287元的药。

　　Z：只要吃了药，能把咱的病治好就行，管用就行。

　　L：吃也没吃着，穿也没穿着，钱全花在药上了。

　　Z：没事，咱身体不好，有病咱就治。

　　L：结婚三个月就得了腰椎间盘突出，躺床上就不会动了。要不是现在国家政策好，我早就饿死了。他们三五天就给我打个电话，要不然我都没人管。上次女儿离婚，把人都得罪了，女儿的户口挪走了，但女婿的户口还在我这上。我想进养老院，但是女婿的户口在这儿，我没办法办理。

　　Z：那您跟女婿也一直没有联系？

　　L：没有。关系不好。

　　Z：那能不能把你们的户口分开呢？

　　L：他就是不愿意迁走，把我气得一直哭。

　　Z：那他当时为什么要把户口迁到您这儿呢？

　　L：是他们自己做主挪到这儿的，我当时在床上躺着也不会走。我那时候就像傻子一样，整天在床上躺着，什么都不知道。后来我女儿就扶着我慢慢在院里学着走。现在我也没人说话，自己一个人在家也没人管我。以前那个房子塌了，屋顶都没了，还掉砖。后来支书说你挪到活动房这儿。

　　Z：是啊，先住这里吧，那边不安全。

　　L：活动房不让做饭，都是泡沫，怕点着。

　　Z：那咱平时做饭用什么燃料啊？

　　L：用煤气灶。要不是有国家政策，像我这样的人早都饿死了。

　　Z：没事，说明你有福气赶上了。像咱家里这样的情况，有什么政策肯定都先想着您的。

　　L：我的眼睛不太舒服。人家都能办残疾证，没人给我办。

　　Z：办残疾证是需要一定条件的，您这个可能不符合条件。

　　L：别人偏瘫都能办下来残疾证，都没人带我去办。

　　Z：回头我们去问问村里面的干部，看您这个能不能给申请一下。

　　L：我这家里也没人，也不知道怎么办。

Z：你女儿多长时间回来一次呀？

L：有的时候四五天，有的时候一星期。我的房子也不行了，也没人给我盖。

Z：您看您自己一个人，有什么政策肯定都能先想到你。危房改造它有一定的流程，需要资金。

L：是啊，这都六七年了。

Z：那你现在自己做饭自己洗衣服吗？

L：洗衣服的话我女儿那边有洗衣机，她来的时候帮我洗洗。

Z：没事儿阿姨，好赖咱还有个闺女，人家也想着咱。咱们应该乐观一点，往好处想一想。

（二）

访谈时间：2019年11月25日

访谈人：Z

受访者：贫困户H

访谈主题：家庭基本情况

Z：您多大了？

H：90岁零6个月。

Z：您平常跟孩子一起住吗？

H：嗯。

Z：那你现在身体咋样啊？

H：身体挺好的，想出去了出去转转，不想出去了在地里干点活除除草。

Z：那你有啥病没有？

H：没有，身体挺好的。

Z：你一共有几个孩子呀？

H：加上女儿有7个孩子。

Z：您的孩子是轮流照顾您？

H：是的，一人一个月。

Z：您现在都享受国家什么政策？

H：我有孩子有媳妇，不占国家便宜。

Z：那您平时一个人在这儿住，孩子轮流来送饭？

H：是的。

Z：您现在90多岁了，您应该享受国家80岁以上的老人补助吧，一个月能发多少钱呀？

H：三个月1 000多元。

Z：那还可以啊，不少了。平时逢年过节，政府是不是还过来给您送点米送点油什么的啊？

H：没有。

Z：您年轻的时候上过学没？

H：没上过学。

Z：您老伴上过学没？

H：他上过学。活到82岁了。

Z：那你平时一个人在家，孤单吗？

H：那肯定啊，我总是往外面跑。

Z：你总是去哪里？

H：我出来坐在门口。

Z：你晚上几点睡觉？

H：有的时候吃完晚饭就睡了。

Z：平时早上几点起床啊？

H：天明就起。

Z：起了之后就去小广场那里转？

H：嗯。在家里也没事。

Z：那您年轻的时候工作吗？

H：不工作，在家里带小孩。年轻的时候都要挣工分。我爹我娘还有我一个妹妹，他们都死在了这里，我给他们埋了埋。

Z：那您7个孩子是不是都在附近？

H：嗯。

Z：那挺好，给您送饭也方便。那您平时有什么事情怎么联系他们？

H：平时也没事，也不会打电话。

Z：那您平时需要个啥东西呢？

H：让邻居给捎，或者让孩子买。

Z：那您的孙子孙女放假也不回来？

H：他们都很忙，喂鸡喂兔子，吃饭的时候他们给我送，有饭有菜还有馍，这都不错了，老了还想啥呢。

Z：老了也该享福了呀。

H：他们拿的牛奶都喝不完。

（三）

访谈时间：2019年11月25日

访谈人：J

受访者：贫困户S

访谈主题：家庭基本情况

J：您今年多大岁数？

S：65岁了。

J：您平时跟孩子一起住吗？

S：孩子在外面住，只有我们老两口在家住。孩子承包了地，在地里种葡萄。你们来的时候在葡萄园吃的葡萄就是我们家的。

J：哦，那是您家承包的啊？

S：是的。有百十亩呢，长得好得很。

J：阿姨现在在屋里吗？

S：现在没在家里。她年前10月患上了脑梗，过了年又复发了。现在偏瘫，半个身子都不能动了。

J：您恢复得还不错啊，我看您过完年还能走路。别的人都需要轮椅才能走，您这恢复得可以啊。

S：就是怕摔倒，有个车扶着稳一点。

J：家里面有几个孩子啊？

S：两个孩子，都娶媳妇了，还有孙子孙女。

J：家里条件听着还不错啊？

S：我两个儿媳妇都是大学生，都有工作，在郑州的药厂工作。

J：那他们平时不怎么回家吗？

S：一年也就回来几次。孩子一个在油田工作，一个在北京的一个科技公司。

J：大儿子在家里这边承包的地？

S：对，百十亩呢。

J：您的儿子一个个都挺有出息的。

S：老人没出息，儿子没出息不行啊。

J：那您年轻的时候是做什么的？

S：做生意。我们家里都是做生意的。我们叔伯兄弟14个都是做生意的。我们两口在家待着很舒服，我需要吃药，我儿媳妇说给我买回来。

J：您这已经可以啦，身体恢复得也不错。

S：还不错，现在能走了。你看我的手这里现在还麻着呢，没有知觉。

J：那咱们平时生病了享受什么补助吗？

S：没有。

J：咱村子里现在村干部挺少的吧？

S：现在只有一个支书担任。

J：您应该享受的有优惠政策的。

S：有大病救助。

J：前一段时间您生病住院了？

S：今年住了两次院。我一年都要住好几次院呢。我得病都十几年了，患病以后就腰腿酸疼，在咱们这里的医院治不了。

J：多保重身体，身体最重要。

S：现在我儿子都开车回来。

J：你儿子能照顾你养活你，你就不用操他们心了。

S：不操心不行啊。老人的心永远都在儿女身上。恐怕他们做错事，怕他们赚不到钱。

J：他们一个月的收入应该不错吧？

S：差不多吧。

J：他们平时在哪里住？

S：在新郑住。就在郑州大学城那边。

J：平时放寒暑假孙子也不回家玩？

S：回来。但是现在的小孩子要上补习班。

J：听上去你们家条件整体上还是可以的，没啥太发愁的事。

S：我儿媳妇好啊。媳妇人好老人就有福。儿子好都不如媳妇好。

J：对啊，媳妇好能管家。

S：我去城里他们家的时候，临走了缺什么，他们都给我买回来，桌子上有的都给我拿上。两个儿媳妇都好。

（四）

访谈时间：2019年11月27日

访谈人：Z

受访者：贫困户Q

访谈主题：家庭基本情况

J：您今年多大了？

Q：65岁。

J：您现在跟儿子儿媳一起住吗？这位是您的女儿？

Q：这是我儿媳妇。

J：那您家里还有其他人吗？

Q：一个儿子，两个孙子、两个孙女。

J：您一共几个孩子？

Q：一个女儿、一个儿子。

J：家里状况怎样？

Q：这两年没办法跟别人家比。

J：为什么呢？

Q：唉，我孙子患有脑瘫，我也是整天生病。

J：您怎么了？

Q：食管癌。

J：各家有各家的难处。您能申请低保吗？

Q：我们没申请过。

J：为什么不试试？

Q：不知道怎么申请。

J：您也60多岁了，平时有其他补贴吗？

Q：一个月100多元。

J：您跟老伴一起生活吗？

Q：对。

J：老伴在哪儿呢？

Q：在屋里看孩子，孩子又骨折了，把腿摔断了，还是脑瘫，不会说话，十几岁了。

J：那叔身体怎么样？

Q：身体不太好，但能照顾自己。

J：平时经常吃药吗？

Q：整天药就不断。我们都是。

J：一个月买药都得花好几百块钱吧？

Q：我才住院回来。回家了以后现在每天还打着针呢。

J：建议您去村委会咨询一下，符合条件的话应该可以享受大病救助。

Q：就像我们这种情况也可以？

J：是的，您可以去问问。以后有别的什么事情也都可以去村里问问。

附录三 各类调查表

L镇自查提升攻坚月逐户排查情况汇总表（返贫风险户）

村名	返贫风险户	人口数	需增加的措施	增加措施后收入情况	措施落实情况
L	MGY	3	安排公益岗	养老金收入2人2 520元，种粮直接补贴615.83，土地流转收入6 364.25元，打零工收入6 000元，公益岗位收入2 400元，合计17 900元，人均5 967元	已安排保洁员
L	FLD	4	安排公益岗	种粮直接补贴369.41元，土地流转收入4 798元，WXN中原农保协理员收入3 200元，FLD扶贫车间务工收入10 000元，公益岗位收入2 400元，合计20 767元，人均5 192元	已安排保洁员

L村贫困户技能培训信息统计

行政村	姓名	年龄	健康状况	脱贫属性	培训内容	是否就业（就业工种、地点）	未就业原因
L村委会	YYF	22	健康	已脱贫（享受政策）	2018年，电工	否	Y县职教中心学生
L村委会	WLY	26	健康	已脱贫（享受政策）	2016年，电工	开封市煤业化工集团重型装备有限公司	
L村委会	WXX	28	健康	已脱贫（享受政策）	2018年，护理	否	在家照顾孩子
L村委会	WYZ	29	健康	已脱贫（享受政策）	2018年，护理	浙江台州	

续 表

行政村	姓名	年龄	健康状况	脱贫属性	培训内容	是否就业（就业工种、地点）	未就业原因
L村委会	WWL	29	健康	已脱贫（享受政策）	2018年，电工	电工	
L村委会	WYJ	36	健康	已脱贫（享受政策）	2012年，焊工	中原农保协理员	
L村委会	WZX	44	健康	已脱贫（享受政策）	2015年，焊工；2018年，电工	电工	
L村委会	GHQ	47	健康	已脱贫（享受政策）	2017年，缝纫	中原农保协理员	
L村委会	WSX	47	健康	已脱贫（享受政策）	2018年，电工	朗洁公司司机	
L村委会	ZF	49	健康	已脱贫（享受政策）	2018年，保育员；2019年，家政服务	怡鑫鞋帮加工厂	
L村委会	WJL	52	健康	已脱贫（享受政策）	2018年，保育员	镇内务工	
L村委会	WQX	54	健康	已脱贫（享受政策）	2017年，缝纫	中原农保协理员	
L村委会	WSG	55	健康	已脱贫（享受政策）	2018年，电工	护林员	
L村委会	ZNN	55	长期慢性病	已脱贫（享受政策）	2017年，缝纫	中原农保协理员	
L村委会	ZN	58	健康	已脱贫（享受政策）	2017年，缝纫	镇内务工	
L村委会	ZJL	58	健康	已脱贫（享受政策）	2019年，家政服务	L镇卫生院家政服务	

续　表

行政村	姓名	年龄	健康状况	脱贫属性	培训内容	是否就业（就业工种、地点）	未就业原因
L村委会	ZXL	58	健康	已脱贫（享受政策）	2019年，家政服务	护林员	
L村委会	MSM	60	健康	已脱贫（享受政策）	2017年，家政服务；2019年，家政服务	中原农保协理员	
L村委会	CX	61	健康	已脱贫（享受政策）	2017年，家政服务	镇内务工	
L村委会	YSL	67	患有大病	已脱贫（享受政策）	2017年，家政服务	否	身体不好
L村委会	BXP	56	长期慢性病	已脱贫（享受政策）	2019年，家政服务	否	身体不好

附录四　脱贫攻坚基础知识

（一）党和国家关于扶贫工作的重要论述

"一个目标"：2015年在中央扶贫开发工作会议上，习近平总书记指出："全面建成小康社会、实现第一个百年奋斗目标，农村贫困人口全部脱贫是一个标志性指标。"

"两个确保"：2020年要实现"两个确保"，即确保农村贫困人口实现脱贫，确保贫困县全部脱贫摘帽。

"三个格外"：2012年12月29日，习近平总书记在河北阜平专程考察扶贫开发时提出："对困难群众，我们要格外关注、格外关爱、格外关心，帮助他们排忧解难。"

"三位一体"大扶贫格局："三位一体"大扶贫格局是指专项扶贫、行业扶贫、社会扶贫等多方力量、多种举措有机结合、互为支撑、共同推进的扶贫开发工作格局。

"四个不摘"：2019年4月，习近平总书记在重庆考察召开解决"两不愁三保障"突出问题座谈会时强调，贫困县摘帽后要严格落实"摘帽不摘责任、摘帽不摘政策、摘帽不摘帮扶、摘帽不摘监管"。

"四个切实"：切实落实领导责任、切实做到精准扶贫、切实强化社会合力、切实加强基层组织。

"五个一批"：发展生产脱贫一批、易地扶贫搬迁脱贫一批、生态补偿脱贫一批、发展教育脱贫一批、社会保障兜底一批。

"六个精准"：扶贫对象精准、项目安排精准、资金使用精准、措施到户精准、因村派人精准、脱贫成效精准。

"扶贫日"：2014年8月1日，国务院批复同意自2014年起，将每年的10月17日设立为"扶贫日"。主要目的是引导社会各界关注贫困问题，关爱贫困人口，关心贫困工作。

"两率一度"：精准扶贫识别率、精准退出准确率、群众满意度。

"历年贫困识别标准":2015年退出、2016年识别标准为2 855元;2016年退出、2017年识别标准为3 026元;2017年退出、2018年识别标准为3 208元;2018年退出、2019年识别标准为3 400元;2019年退出、2020年识别标准为3 700元。(注:上一年度退出标准即是下一年度识别标准。)

(二)河南省关于扶贫工作的部署

"三精准":识别精准、退出精准、帮扶精准。

"三落实":(1)责任落实。县级党委政府主体责任、行业部门分工责任、乡村具体实施责任、驻村结对帮扶责任。(2)政策落实。饮水、教育、教育、住房、产业、就业、易地搬迁、生态、金融、综合保障等扶贫政策。(3)工作落实。年度目标完成情况、深度贫困地区脱贫攻坚情况、落实四不摘要求巩固拓展脱贫攻坚成果情况、建档立卡动态工作情况、驻村结对帮扶工作情况、扶贫资金使用管理情况、巡视考核督查发现问题整改情况、推进作风问题专项治理形式主义官僚主义情况、脱贫攻坚干部队伍培养锻炼情况。

"三清零":任务清零、问题清零、信访清零。

"三个五":五个办法:《河南省扶贫对象精准识别及管理办法》《河南省脱贫工作成效考核办法》《河南省贫困退出实施办法》《河南省扶贫资金管理办法》《河南省开展统筹整合使用财政涉农资金试点实施办法》。五个方案:《河南省产业扶持脱贫实施方案》《河南省转移就业脱贫实施方案》《河南省易地搬迁脱贫实施方案》《河南省社会保障脱贫实施方案》《河南省特殊救助脱贫实施方案》。五个专项:《河南省教育脱贫专项方案》《河南省交通运输脱贫专项方案》《河南省医疗卫生脱贫专项方案》《河南省水利脱贫专项方案》《河南省电网脱贫专项方案》。

"五个有"(易地搬迁):有社区服务中心、有义务教育学校、有幼儿园、有卫生室、有综合性文化场所。

"七个一"(文化扶贫):每一个贫困村有一个文化活动室、一个文体广场、一个简易戏台、一个宣传栏、一套文化器材、一套广播器材、一套体育设施器材。

(三)洛阳市关于扶贫工作的部署

"一转三推进":2018年1月5日,市委、市政府印发《关于以作风攻坚促脱贫攻坚坚决打赢脱贫攻坚战的实施意见》，全面部署脱贫攻坚"一转三推进"工作。"一转三推进"，是指坚持以作风攻坚促脱贫攻坚，以开展扶贫领域作风问题专项治理为重点，持续转变干部作风，着力推进党的十九大精神进村入户，着力推进党的脱贫攻坚政策落实落细，着力推进精准扶贫精准脱贫各项举措落地见效，确保2019年我市农村贫困人口现行标准下实现脱贫、贫困县全部摘帽，做到脱真贫、真脱贫。

"九个一"大走访：开展一次脱贫攻坚集中宣讲活动、进行一次问卷调查、提供一条致富信息、梳理一份政策落实问题清单、开展一次庭院环境卫生整治、化解一批信访突出问题、选树一批创业致富带头人、发展一批农民专业合作社、发展壮大一批村的集体经济。

（四）Y县脱贫攻坚的做法

1. 创新机制

一是明确责任清单，详细列出了"县级主体责任、行业部门综合协调责任、乡村包干责任、帮扶单位和驻村干部帮扶责任、督查组督查责任"等五类10项71条责任清单。二是实施战区作战，将全县划分为四大战区，县四大班子领导全员上阵，由县委书记、县长分任第一总指挥和总指挥，其余31名县级领导分任各战区指挥长、政委、副指挥长，赋予战区"战区领导权、督查问责权、干部任免权、资金使用权"等四项职权，调动一切资源，凝聚一切力量。三是推行网格管理，在全县范围内划分三级网格，按照"县级领导分包联系乡镇、科级干部分包联系行政村、帮扶责任人分包联系农户"的原则，明确县级领导干部为一级网格员，科级以上领导干部为二级网格员，帮扶责任人为三级网格员，逐级签订承诺书，层层管理，压实责任，实现了科级以上领导干部全员出动。

2. 激发内生动力

加强技能培训，创新"田间课堂""大篷车下乡"等"短平快"的培训模式，强化政策激励，制定差异化奖补政策，采取以奖代补、劳务补助等方式，动员贫困群众参与产业项目。注重典型示范，组织"幸福都是奋斗出来的"百场巡回宣讲暨扶贫政策宣传月活动；举行"自强不息逐梦小康"2019年度身残志坚脱贫模范颁奖仪式，大力宣传残疾人脱贫典型的先进事迹，不断激发贫困户脱贫致富奔小康的精神力量，凝聚向优秀典型看齐、勤劳致富的强大动力。

3. 巩固脱贫成效

建立定期排查机制，结合"九个一"大走访和"昼访夜谈"活动定期回访脱贫户，每半年开展一次出列村"回头看"，配合上级全面开展脱贫户质量评估。建立贫困预警机制，利用"洛阳市智慧扶贫信息系统"，开展贫困预警、决策和分析，对脱贫户，动态监测"两不愁三保障"及收入、支出情况，及时采取有效措施确保脱贫质量、确保脱贫人口不返贫。

（五）其他基础知识

县情概况：Y县地处豫西浅山丘陵区，辖12镇4乡1个办事处、1个正县级产业集聚区、353个行政村（社区、居委会），总人口70万人，农村人口60万人；全县总面积1 616平方公里，基本地形地貌为"三山六岭一分川，南山北岭中为滩，洛河东西全境穿"。

贫困情况：Y县2012年被确定为国家扶贫开发重点县，全县共有已脱贫出列村89个，其中于2016年出列27个、2017年出列23个、2018年出列35个、2019年出列4个。建档立卡贫困人口21 452户79 819人，截至2019年底，累计脱贫20 092户75 871名贫困人口，贫困发生率由2013年底的16.53%降至2019年底的0.65%，剩余贫困人口1 360户3 948人。

贫困县退出标准：综合贫困发生率必须在2%以下；脱贫人口错退率低于2%、贫困人口漏评率低于2%、群众认可度高于90%；贫困县90%以上的贫困村通过扶贫实现退出；农民人均可支配收入增长幅度高于全省平均水平，教育、文化、卫生医疗等基本公共服务主要领域指标达到或接近全省平均水平。

贫困县退出程序：（1）县级申请：当年12月前提出退出申请。（2）市级初审：县申请后1周内市进行初审。（3）省级核查：市初审结果上报后15日内省进行专项评估核查。（4）社会公示：省级公示不少于7天。（5）上报审批：省扶贫开发领导小组向国务院领导小组报告。（6）接受检查：国务院专项评估检查。（7）批准退出：省政府正式批准退出。

贫困村退出标准：原则上贫困村贫困发生率降至2%以下。基础设施建设达到有一条通村公路实现硬化，具备条件的村实现通客运班车，农村饮用水符合安全卫生评价指标体系要求，基本满足生产生活用电需求等标准，基本公共服务实现广播电视户户通，有综合性文化服务中心，有标准化卫生室，有合格乡村医生或执业（助理）医师，基本实现通宽带。同时，统筹考虑产业发展、集体经济收入等因素。

贫困村退出程序：（1）摸底核实：调查摸底、确定名单。（2）予以公示：所在地公示不少于7天。（3）公告退出：报市审批后公告退出。

贫困户识别标准：（1）严格执行农民人均纯收入标准。扶贫对象识别严格执行国家标准，即农民人均纯收入以上年度的国家农村扶贫标准为基本依据，对符合条件的农户整户识别。（2）统筹考虑"两不愁三保障"因素。不愁吃：口粮不愁，主食细粮有保障。不愁穿：常年有换季衣服，经常有换洗衣服。义务教育：农户家庭中有子女上学负担较重，虽然人均纯收入达到识别标准，但也要统筹考虑纳入扶贫对象。基本医疗：农户家庭成员因患大病或长期慢性病，影响家庭成员正常生产生活，需要经常住院治疗或长期用药治疗，刚性支出较大，虽然人均纯收入达到识别标准，但也要统筹考虑纳入扶贫对象。住房安全：农户居住用房是C、D级危险房屋的，虽然人均纯收入达到识别标准，也要统筹考虑纳入扶贫对象。

贫困户识别程序：（1）本人申请："四议两公开"形成初选后进行公示。（2）乡（镇）审核：乡镇审核公示后，报县复审公告。（3）比对纳入：扶贫对象信息与行业部门比对后，公告纳入贫困户信息系统。

贫困户退出标准：贫困人口退出以户为单位。主要衡量标准为该户有相对稳定可靠的增收渠道和收入来源，年人均纯收入超过国家扶贫标准且吃穿不愁；适龄儿童接受九年义务教育，家庭无因贫辍学学生；参加新型农村合作医疗，大病有救助；住房条件有明显改善，有自有住房、无危房。

贫困户退出程序：（1）民主评议：村召开民主评议会初步拟定贫困户退出名单。（2）核实认可：村"两委"、驻村工作队和第一书记核实，得到拟退出贫困户认可。（3）公告退出：在村内公示时间不少于7天，无异议后，公告退出。

附录五　建档立卡贫困户情况说明（样表）

（一）本户的基本情况

1. 家庭成员及基本情况

（1）户主××，男，身体状况××，以××为生，月入/年入××元，该户为××户，家庭人口××人。

（2）父亲××，身体情况××，有××个孩子，现同××儿子即户主共同生活，平时孩子会给赡养费××。

（3）母亲××，身体情况××，有××个孩子，现同××儿子即户主共同生活，平时孩子会给赡养费××。

（4）妻子××，身体状况良好，外出务工，做××工作，月入/年入××元。

（5）儿子××，××学历（根据实际情况把握），现于××就职，月入/年入××元。

（6）女儿××，现于××学校就学，××年级。

2. 家庭资产情况说明

（1）资产情况：家有××间房子，××亩地，××头猪，××只羊，有冰箱、电视、空调等家电（根据贫困户家里具体资产情况如实说明）。

（2）资产来源：如冰箱是自己什么时候买的，或是他人什么时候赠送的等。

（二）直系亲属情况及联系方式或是监护人及联系方式

直系亲属主要针对的是家中只有一位或是两位老人的户，直系亲属的情况说明需包括：家庭人员结构、劳动力状况、经济状况、三保障的情况、经济收入大致情况（好中差），对该贫困户的资助情况等；监护人主要针对家中所有人都缺乏民事行为能力的户。

如：

1. 直系亲属情况说明

××，系户主的××，联系方式：××。

××家有××口人，经济状况××，××有劳动能力，收入××（高、中、低，简单说明即可），对该户的资助情况（每月给该户××钱，逢年过节，买××，家里的电视、冰箱……都是××买的，等等，根据实际情况写），其他的一些必要的情况说明。

2. 监护人及联系方式

××，系户主的××，联系方式：××。

（三）确定为贫困户的依据（根据贫困户实际情况进行说明）

（1）该户共××口人，有××亩田，仅有××人有劳动能力，没有稳定的收入。

（2）家中××身体状况不好，需常年卧床，无劳动能力，且看病花销支出大。

（3）家中适龄上学的孩子较多，教育支出大。

（4）……

综合判定，该户确定为贫困户。

（四）已脱贫户退出的依据

达到脱贫标准，具体如下：

（1）有相对稳定的增收渠道和收入来源。该贫困户家中共××口人，户主××、妻子××、儿子××都有劳动能力，户主××月/年入××元，妻子××月/年入××元，儿子××月/年入××元，平均每人××元/年，达到我县3 200元/户/年的收入标准，能够实现吃穿不愁。

（2）适龄儿童接受九年制义务教育，家庭无因贫辍学学生。该贫困户家中，户主女儿××于××学校就学，没有因贫辍学，符合该项标准。

综合判定，该户达到脱贫标准，可以退出。

（特别注意：① 有些会影响考核组误判的因素，要加上照片或其他证明材料帮助其得出正确的结论，比如某户贫困户除了危房其实还有另外一套房子，那就要把另外的那套房子的照片附在后面。② 综合判定要有脱贫依据，还要考虑贫困户的综合情况，不能只考虑收入，不能数字脱贫、算账脱贫、被脱贫。同时，要考虑贫困户的家庭成员结构，有无劳动力及劳动力强弱情况，是否有稳定收入来源，是否有大病患者或疾病潜在隐患，是否有较大的教育支出等情况，若情况不稳定，或是在边缘线上，符合贫困户条件的，要立即回退，不能有任何马虎。）

（五）未脱贫户贫困的主要原因及下一步帮扶措施

1. 贫困的主要原因

（1）该户共××口人，有××亩田，仅有××人有劳动能力，没有稳定的收入。

（2）家中××身体状况不好，需常年卧床，无劳动能力，且看病花销支出大。

（3）家中适龄上学的孩子较多，教育支出大。

（4）……

综合判定，该户为未脱贫户。

2. 下一步帮扶措施

（1）针对原贫困户（根据未脱贫原因，制定有针对性的帮扶措施，如因学致贫）

① 加大教育资助力度。② 提供公益性岗位，增加家庭收入。

（2）针对新识别贫困户

① 发放临时救助金××元。② 纳入低保、五保户社会兜底系统。③ 按照县里顶层设计逐项落实帮扶措施。

（3）针对又新识别、再新识别贫困户

① 发放临时救助金××元。② 纳入低保、五保户社会兜底系统。③ 按照县里顶层设计逐项落实帮扶措施。

（六）帮扶人及帮扶措施（逐项说明，特别是贫困户、未脱贫户）

1. 帮扶人及其基本情况

2. 该户享受了以下几项帮扶政策：（根据贫困户实际享受到的帮扶政策进行说明）

① 光伏扶贫：××年补贴该户××元。② 企业带贫：××年发放带贫资金××元。③ 低保、五保兜底：每年领取低保、五保金××元。④ 六改一增：改造门、窗、墙（地）面、照明灯、厨房、厕所，新增一件实用家具。⑤ 危房改造：改造房屋××间。⑥ 教育扶贫：雨露计划补贴学生××元，教育资助××元。⑦ 健康扶贫：a. 新农合报销××元，b. 商业补充保险报销××元，c. 大病救助报销××元，d. 低

保二次报销××元。⑧"扶贫贷"：享受基准利率贷款××万元。⑨ 小额贴息贷款：补贴贷款利息××万元。⑩ 公益性岗位：每月工资××元。⑪ 临时救助：发放救助金××元。⑫ 社会捐赠：捐赠××元。⑬ 交通补助：贫困户外出务工交通补助××元。⑭ 其他帮扶措施。

附录六 ××村关于脱贫攻坚工作的情况说明

（一）村基本情况

××村辖×个村民小组，××人，耕地××亩，低保××户、××人，五保××户、××人，建档立卡贫困户××户、××人，2014年脱贫××户、××人，2015年脱贫××户、××人，2016年脱贫××户、××人，返贫××户、××人，目前还有未脱贫户××户、××人。群众主要收入来源是××；村主导产业是××，规模××，发展前景××；村集体收入来源是××，年均××万元（对照贫困村退出标准叙述）。××年，硬化了村内和出村道路，村内通客运班车或距停靠点××公里（要求两公里以内）；群众全部喝上自来水，水质达标；户户通电；广播电视实现户户通；村内有综合性文化服务中心；有标准化卫生室和合格乡村医生；××（移动、联通、电信）宽带通达。

（二）2016年未脱贫户情况

全村共有××户、××人，每户具体情况如下：

张三，男，68岁，全家××口人，因××致贫。

帮扶措施：① 光伏扶贫：××年补贴该户××元；② 企业带贫：××年发放带贫资金××元；③ 低保、五保兜底：每年领取低保、五保金××元；④ 六改一增：改造门、窗、墙（地）面、照明灯、厨房、厕所，新增一件实用家具；⑤ 危房改造：改造房屋××间；⑥ 教育扶贫：雨露计划补贴学生××元，教育资助××元；⑦ 健康扶贫：新农合报销××元，商业补充保险报销××元，大病救助报销××元，低保二次报销××元；⑧ "扶贫贷"：享受基准利率贷款××万元；⑨ 小额贴息贷款：补贴贷款利息××元；⑩ 临时救助：发放救助金××元；⑪ 社会捐赠：捐赠××元；⑫ 交通补助：出外务工补助交通费××元；⑬ 公益性岗位：每年收入××元；⑭ 其他帮扶措施。

未脱贫原因：缺劳力、收入少、医疗费用高等。（其他需要说明的情况，可以说其直系亲属的情况。)

2. 特别注意：每户未脱贫的所有原因都要写上、写清楚；采取了哪些帮扶措施要据实写。

(三) 2016 年脱贫户情况

全村共有××户、××人，每户具体情况如下：

张三，男，68 岁，全家××口人，因××致贫。

帮扶措施：同上。

退出依据：经算账，年收入××元，超过贫困线标准，且收入渠道稳定可靠，两不愁三保障问题全部解决，综合评判已经达到脱贫标准。有两个女儿，每年给其××元，联系电话××。(附图片及有关资料，因病致贫户，可以附大病报销单据等。)

(四) 2014 年、2015 年脱贫户情况

1. 总体概述

全村有××户、××人，主要通过务工或发展××种植、××养殖项目等增收脱贫。

2. 重点户情况

张三爱哭穷，实际上通过务工每年收入××万元；李四对帮扶政策期望值过高；……

收入相对较低，虽然达到脱贫条件，但是和未脱贫户情况较为接近，应重点关注。若确实贫困考虑纳入贫困户。因大病、住房、就学等三保障问题风险较高的要特别注意，无劳动力或劳动力较弱的要特别注意。

(五) 疑似三保障问题未解决户情况

1. 建档立卡贫困户疑似三保障问题未解决的

经排查，贫困户确实住危房的必须立即改造到位；患大病的，要让其享受所有的健康扶贫政策；教育没有保障的，确保其享受教育扶贫政策。

2. 非建档立卡贫困户疑似三保障问题未解决的

(1) 因房。经排查，非贫困户共有破旧房屋××座，危房××户，××间，其中

1组××户，2组××户……。每户具体情况如下：

张三，男，68岁，全家××口人，房屋××间，经济状况如何，家庭成员结构是什么情况，比如其儿子在行政部门工作，该户不能认定为贫困户。督促其儿子为其翻新房屋，到儿子家住，或强制搬出。

特别注意：非建档立卡户一户也不能住危房，不改又不搬的，要留取做工作的录音、视频或照片作为证据。

（2）因病。患有大病，但不能认定为贫困户的有××户，每户具体情况如下：

张三，男，68岁，全家××口人，房屋××间，患有××大病，经济状况如何，家庭成员结构是什么情况，比如其儿子收入比较高，解决医疗费用没问题，所以不能认定为贫困户。

特别注意：涉及疾病问题的非贫困户，经排查确实贫困的要纳入贫困户。

（3）因学。对九年制义务教育期间辍学的非贫困户，是因病、因残等客观原因，还是因厌学等主观原因，要做出解释说明。因主观原因造成的，要力劝学生上学，仍然不上的要留有做工作的证据。

（六）五保、低保户情况

全村五保户××户、××人，其中集中供养××户、××人，低保××户、××人，低保、五保纳入贫困户××户、××人，已脱贫××户、××人，未脱贫××户、××人，享受低保未认定贫困户××户、××人。

1. 五保户

（1）集中供养情况。共有××户，分别是张三、李四……因已解决两不愁三保障问题，故不能纳入贫困户。

（2）分散供养五保户。经核查，符合贫困户认定条件的，要纳入进来。

2. 低保贫困户

此类情况可在前面所述几类情况中体现，此处不再赘述。可只说有××户，分别是张三、李四……

特别注意：已脱贫的低保户，若收入不是明显提高，处于3 500元以下且不稳定，同时劳动力不强，可考虑回退。

3. 享受低保、五保未认定为贫困户的农户具体情况如下：

张三，男，68岁，全家××口人，因××短期内比较困难。不认定为贫困户的主要依据和认定为低保、五保户的依据：有劳动力，家庭条件还可以，短期内经济困难，解决低保过渡，综合评判不符合贫困户标准。

（七）各项政策落实情况（主要介绍××政策，怎么实施的，覆盖××户，钱怎么发）

（1）光伏扶贫项目，由乡镇政府集中在乡镇政府驻地建设，覆盖贫困户××户，每年通过一卡通形式为每个贫困户发放××元。

（2）企业带贫项目，××公司带动贫困户××户，每年通过一卡通形式为每个贫困户发放××元。

（3）六改一增项目，投资××万元，由××聘请施工单位，根据缺什么补什么的原则，改造××户。

（八）保证栏

我们保证在项目资金使用过程中没有违纪违法违规行为，如有此类行为，自愿接受责任追究。

（村支两委班子全体、驻村第一书记在此处签名）

附录七　调研笔记

（一）笔记1

时间：2018年1月10日

地点：Y县赵堡镇

上午9点半，跟随F镇长一起到赵堡镇进行有关精准扶贫的调研。这次是自己回老家深入农村调研的一个新起点。若要重回农村领域的研究，必须从深入基层，实地接触和第一手资料开始。

赵堡镇位于Y县西南区域，总人口34 000余人，34个行政村。这是大雪过后的第三天，由涧河通往赵堡的公路上积雪还没有完全融化。车在路上得小心翼翼地行驶。由涧河一路向南，进入山区。说是山区，其实是丘陵地带。该地的地形有些类似陕北，田地类似梯田，不同的地块之间有很多沟壑，这恐怕是该镇难以脱贫的原因之一。土地耕作难以实现机械化，交通不是很便利。

雪后放晴，天空很蓝，空气也十分清新，虽然还有些彻骨的寒气，但是阳光下银装素裹的原野为这片土地增添了无限魅力。老家距离这里并不是很远，但早年在县城读书，毕业后外出求学、工作，时至今日，竟然是第一次到这里来，心里还是有些激动。

这些年在省内其他地方调研的次数并不少，回到家乡正式调研这是第一次。11点左右到达温庄。随行的有一位副镇长，见到该村扶贫的两位第一书记、代理支书以及村会计等人。在村委会办公室，开始了我直奔主题的访谈。

来之前，我做了简要的准备，本来想做一份结构性访谈提纲，后来考虑到基层的实际情况，觉得将书面语言转换成口头语言可能更容易进行沟通。访谈主要围绕当前村里精准扶贫的工作开展情况展开。

该村目前共51户贫困户，贫困人口181人，在外打工人口约为300人，在县城居住并购买住房者约占全村总人口50%，村庄总人口1 200余人，常住人口则只有 600 余人，多数是老人。大都是 50 岁以上的中老年人在种地，与之前了解的老人农业的基本情况相符合。

2014 年村里开始核定贫困户。但 Y 县重视精准扶贫工作从 2016 年开始，计划到 2018 年实现全县整体脱贫。所以，今年是扶贫工作关键的一年。镇长引用了一句全县扶贫工作的指导方针：以扶贫工作统领其他各项工作。也就是说，至少在 2018 年，扶贫工作是全镇的重点工作，既是重点，又是抓手。

该村目前已经有 13 户之前的贫困户已经脱贫，不再继续享受各项扶贫政策，属于稳定脱贫对象。目前还有 36 户，119 人尚未脱贫，这也是今年该镇上下重点关注和帮扶的对象。其中，还有七八户兜底户（缺乏脱贫能力，只能靠制度兜底）。就扶贫政策而言，该村的包村干部、第一书记看起来都非常熟悉。目前，该村已经实施的项目包括：牡丹和红参种植项目，光伏发电项目。

关于企业参与扶贫，我了解到一个新的政策。贫困户可以享受低息贷款，每年可以贷 5 万元。贫困户的这笔贷款可以直接给企业使用，而企业每年给每户 3 000 元的红利。相当于企业使用了贫困户无息贷款的名额，同时又变相地把部分利息给了贫困户。但是这项地方的"土政策"其实违背了金融扶贫的初衷。因此，村干部说该政策又临时叫停了。原因是让贫困户贷款有风险，万一企业倒闭或者资金链断裂，贫困户难以承担其后果。

转眼到了中午 12 点。在我的提议下，他们陪我走访了村里两户贫困户。今天所谓的贫困户与之前印象中的已经大不一样了。首先是住房的改善。这两户的住房都还可以，至少从外面看起来是如此。两户的情况有些类似，都是子女在外地打工，老人在家。第一户是男性户主，65 岁，看起来还算精神，自己照顾偏瘫在家的老伴，儿子在外地打工。面朝南的住房是儿子的房子，而老人自己住在两间旧房子里，东西各两间。房子是青砖结构，看起来至少有二三十年的历史了。

第二户条件似乎略好些。户主有两个儿子，一个在县城，一个在洛阳，各自成家立业，剩下老人在家。家里有一辆三轮车，院子里堆了很多尚未成熟的辣椒。村干部补充说，这是因为 2017 年天旱无雨，所以直接影响了收成。按照往年的情况，每亩地辣椒可以收入 3 000 多元。但是今年受天气影响收入直接减半。

有一个重要的情况需要记录下来。2016年，Y县贫困线的标准是3 026元，2018年已经提高到3 208元。按照当地干部的说法，人均年收入低于这个标准的其实比较少。有些家庭人均收入比这个标准高的已经是贫困群体了。只能说，贫困线的标准定得太低了。

关于贫困户目前主要有三种类型：一般贫困户、低保贫困户、五保贫困户。这些都属于建档立卡贫困户。

对于确实贫困的家庭，公开后大家一般不会有异议。存在异议或者争议的是条件相差不多的农户。邻里之间会有比较。有些家庭条件差不多，有些被定位为贫困户，眼看着这一两年国家政府给予大量的扶持资金，这让那些当初没有被确定为贫困户的家庭心生不满。有的直接到村委会闹，有的也开始想办法争取（贫困户名额）。驻村干部说，脱贫不脱政策的做法直接影响了村民之间的关系，影响了一般村民与村委的关系，很多矛盾由此产生。

与贫困户相对应的还有另外一种类型，即非贫困户。如何让非贫困户也在精准扶贫的过程中享受到部分政策的恩惠以及从中受益，这是国家在进行政策设计时候需要考虑的问题。从收集到的关于扶贫政策的宣传页来看，这部分人群是有涉及的。

关于精准扶贫与乡村基层治理的关系，短短一天中，我体会深切。通过扶贫工作，大量的干部开始入驻农村，村委会也被充分调动起来，这在很大程度上为乡村治理注入了外部动力和活力。至少当今的乡村治理与二十多年前、十多年前去调研时情况大不相同了。作为自上而下的国家战略，基层干部不得不放下架子，深入群众和贫困户。甚至有包村干部或者第一书记组织人力给贫困户打扫卫生，帮贫困户盖房子的事例。而被帮的当事人，有的坦然接受，有的冷漠拒绝。好一点的主动配合似乎还是给了帮扶干部面子。这是一个听起来荒诞却又很有意思的现象。

那么，基层治理是否可以以此作为契机？距离2020年脱贫攻坚的最后期限还剩两年。两年之后呢？这些所谓的兜底户，真的就能彻底脱贫了吗？这是需要长远考虑的问题。乡村治理的方向在哪里？农村发展的方向如何？这些问题都需要放到当前农村社会的现实中来看。凭直觉判断，精准扶贫可以作为今后一段时间乡村基层治理的契机和动力。

精准扶贫直接促进了干群关系的转变以及乡镇基层工作作风的转变。通过精准扶贫，中央政府直接加强了对地方和基层的控制与管理，增强了地方政府的行动能力与执行能力，调动了干部的积极性，提升了工作效能，促使干部重新走入基层，密切接触群众。这是精准扶贫所带来的政治溢出效应，或者也是高层进行制度设计的目标和指向之一。

调研中涌现出诸多的感慨。现实永远比理论复杂和生动。接触一线干部，听他们讲述各自的看法和体会，确实比单纯读书要来得真切，也更能触动心灵。

（二）笔记2

时间：2018年1月11日

地点：Y县高窑村

陪同人：高窑村的包村干部孙同学

此次回乡调研，关于地点的选取没有做刻意的安排。主要是因为很多同学和熟人都在乡镇基层工作。高中同学群体是我顺利进入农村基层展开调研的重要资源。

头一天下午与孙同学联系，他很爽快就答应了，说都包在他身上。孙同学当年属于调皮捣蛋的"差生"，高中毕业上的电大，后来到乡镇基层工作。当年同届的许多同学目前都在乡镇。经过在基层摸爬滚打的这几十年，孙同学已经变得十分健谈。对于农村基层的各方面情况他都十分熟悉。

高窑村属于柳泉镇，位于县城西边约10公里的地方。目前该村有88户贫困户，1 000多口人，占村庄常住人口约一半左右。2017年该村实现了脱贫，当年的年人均收入已经达到了贫困线3 208元。村庄有一条硬化水泥路由南向北通向这个村子。路两边的沟沟壑壑既增加了这个村庄的吸引力，同时也增加了土地耕种的难度。人均土地1亩多，平整的土地数量有限，多是高低不平的坡地，难以实现机械化耕作。

下面是他的访谈摘要。

1. "精准扶贫就是整顿干部"

这是孙同学见到我后说的一句话，令人印象深刻。之前在交流中，也从其他人那里听到过类似观点。其逻辑是：中央每年下拨那么多的贫困款，全部发给老百姓的话，完全可以实现贫困户的脱贫（按照目前的人均收入标准），那么，为什么中央还要费么大劲搞精准扶贫呢？除了现实层面的需要之外，还因为个别地方干部（县级）这些年主抓经济和城镇化建设，作风坏了，而乡镇干部由于事务的减少也与老百姓的距离变远了。自从农业税取消之后，不再需要乡镇干部催粮催款，计划生育工作也因为国家生育政策的调整而停止。这都使得乡镇基层干部与农民之间的关系发生了变化。再加上大量中青年人口外出打工，农村社会的空心化、空巢化严重，老人农业、老人妇女留守农村，也成了多数农村的现实。

在国家与社会关系的框架下重新审视乡镇干部的角色可谓意味深长。这是透析中国社会基层治理方式的一个独特的社会学视角。之前，曹锦清先生在《黄河边的中国》一书中就曾经详细分析、描述过这个群体。如今，这个群体就是自己二十多年前的高中同学们。

他们虽然在乡镇工作，但早已经是城镇户口，多数都在县城里有车有房，属于县城社会中至少是中产阶层的人群。稳定的体制内工作，还算体面的收入，至少让他们比起那些外出打工的群体以及依然留在农村的家庭，还是有某种程度上的优越感。但是另一方面，他们也有诸多心酸和苦衷。每天或者每周往返城乡之间，这种生活方式在城市和农村都很普遍。这一方面得益于城乡交通条件的大幅度改善。据一个乡镇干部说，他们单位几乎人人都有车（家庭轿车），如果天气好的话，每天开车上下班，也就是三四十分钟的距离，最远的也不过一个小时左右。但是，乡镇基层干部面临的最大问题就是琐事多、工作忙。自从开始精准扶贫之后，他们变得更忙了。孩子和家人都住在城里，但根本顾不上照顾。通常他们还需要牺牲周末的时间，上级领导来检查，他们得随叫随到。除了这种短距离的"两栖状态"外，他们还面临一个身份的尴尬：不是公务员，而是事业编制。目前在乡镇内，有公务员身份的不多，有超过一半的基层人员是事业编制。两种身份的区别意味着不同的待遇，但是干工作时却并没有不同，甚至很多时候比公务员身份的（干部）付出得更多。为此，许多乡镇基层工作人员心存委屈。

2. 关于收入的核定与能否精准的问题

在农村的调研中，农民的收入一直是一个困扰学者和相关研究者的问题。如今中央自上而下推进精准扶贫，自然要求收入的核定要精准。2017年河南省的贫困线是 3 028 元，2018 年确定为 3 208 元。家庭人均年收入若低于这个标准就被定为贫困户，列为扶贫的对象和目标。

那么，基层干部是如何计算或者说统计村民的收入呢？据他们说，有两种办法。首先，先让农民自己交代家庭的全部收入（自我坦白法）。农民的收入基本有如下几个部分构成：土地收入（粮食作物与经济作物，家庭有几亩地，分别种的什么作物，产量多少，这些都大体能算清楚）、家庭成员外出打工收入、其他收入（新农保、低保等政策补贴，子女每月给的生活费等）。

村民先自己计算家庭人均纯收入，如果村干部觉得不准或者明显与他们的预估有出入的话，村干部就会改变策略，分别统计其家庭收入的来源，然后再加总计算。由于当地农产品的产量与价格基本上都是明确的，所以大体上算出人均收入并不是难事。难就难在"精准"上。村干部问，你家年人均收入是多少？村民回答，3 000 多。"多多少？""不知道。"

孙同学在用方言重述他和当地村民对话的时候，我忍不住笑了。收入只能相对精准，而不能具体到几元几角，这是有道理的，不能认为是村民故意不说实话。原因何在呢？首先，农产品的价格是随市场而波动的。在统计收入的时候，依据的是预估的产量，但是到出售时价格也许就又变了。其次，打工收入也会因每个月的工作量、工作时间、加班长短等因素而变动。正是因为上述不确定因素的存在，农民说自己不清楚精确的全部家庭收入，确实也是实情。面对这种情况，村干部说，收入只能相对精准，而不能绝对。所以对于这个其实无法精准的数字，上报的数字也不一定是精准的。如果谁责怪村干部统计不认真，或者怪农民糊涂，那只能说他不了解农村的实际情况。

3. 如何看待隐瞒收入的现象

村干部统计农民的收入时，通常会让农民先计算其家庭收入，这是一个基本的依据。据孙同学讲，隐瞒或者瞒报时有出现。

农民为何要瞒报收入？一方面，家庭收入是一个相对私密的事情。子女在外打工的加班收入、家庭意外获得的收入等，如果农民自己不往外说，其他人通常是不太清楚的。既然他人不清楚，或多或少的瞒报也就顺理成章。

农民瞒报收入还有另外一重原因。即如果实话实说，那么被定为贫困户的就不是自家而是别家了。为何？因为贫困线的标准定得太低了。孙同学讲，贫困户的数量是根据前几年计算出的贫困发生率倒推出来的。即贫困发生率乘以地区的家庭户数（或者人口数），就大体上可以算出每个村子需要确定多少户贫困户。如此一来，村里贫困户的数量不是按照实际情况确定的，而是根据数学公式倒推的。这就出现了农民瞒报收入与村干部的"睁只眼闭只眼"的情况。

4. "我也要当贫困户"

谁是贫困户？谁可以是贫困户？这是两个不完全一样的问题。应该说，我国从20世纪80年代，就开始实施脱贫攻坚工程。经过几十年的努力，加上近些年我国经济发展的大好形势，农村很多家庭都已经摆脱了绝对贫困。低于年人均收入3 208元标准的家庭和人口即使在贫困村也已经不多见了。谁家若真低于这个标准，被认定为贫困户后，大家一般都没有什么异议。村民心里通常都会有一杆秤。存在异议或者争议的通常是那些家庭条件差不多的。家庭条件差不多，为何他家被认定为贫困户，而我不是？尤其是这两年国家的扶贫力度加大后，贫困户可以享受很多优惠政策，如子女上学、无息贷款等，这让部分村民内心产生了强烈的不公平感。

因为贫困户认定的标准相对低于当前农民的人均收入，给的指标又相对充裕，所以部分贫困户存在争议，有些收入与所谓的贫困户家庭不相上下的农民明确不服气，就出现了所谓的"我也要当贫困户"的闹剧。

驻村干部反映给我的话很耐人寻味。比如，如果严格按照年人均收入3 208元的标准确定贫困户的话，那么人均年收入3 209元呢？年人均收入略高于这个标准的，就不属于贫困了吗？这个问题听起来似乎在抬杠，但仔细一想，确实是富有深意的。这也是村里贫困户确定后，部分人表示不服气或者认为不公道的主要原因。上述现象也说明了，严格按照年人均收入这个单一标准评定贫困户这一做法的"不精准"之处。为了平息村子内部因为争当贫困户而出现的不必要的矛盾，乡镇基层政府人员根据当地实际制定出了很多可以量化的、操作性的指标，如有小轿车的家庭、家里存款超过3万元的家庭不能被选为贫困户等。这些规定一旦出台，村干部在执行划定贫困户标准时就少了许多阻碍，同时也让一些内心不服气的村民无话可说。

调研中得到一个真实的例子。有位70多岁的老太太，依据家庭住房以及收入等条件已经被确定为村里的贫困户，后来又主动要求取消该指标。原来，她个人名下有几万存款，这是她多年省吃俭用攒下来的，这也是瞒着子女的一笔私房钱。本来她是想申请当贫困户的，后来听村干部讲瞒报收入的后果，她担心这笔存款被查出来后影响到她子女的前途，因此选择了主动交代。村干部举这个例子，一是感慨农民的淳朴，二也间接证明了他们采用的土方法在农村的有效性。

5. 贫困户识别的标准与程序

（1）识别标准：

① 严格执行农民人均纯收入标准。贫困对象的识别严格执行国家标准，农民人均纯收入以上年度的国家农村扶贫标准为基本依据，对符合条件的农户整户识别。

② 统筹考虑"两不愁三保障"因素。

（2）识别程序：农户申请—村党支部会议提议—两委商议—党员大会审议—村民会议决议—初选名单公布（7天以上无异议）—乡镇公示贫困对象名单—县扶贫办利用信息平台或者部门信息资料进行审核—扶贫对象名单各行政村公示无异议—建档帮扶。

6. 各类扶贫政策的具体内容

（1）教育扶贫政策

补助对象：建档立卡贫困家庭学生

① 学前教育：保教费600元/年；生活补助400元/年。

② 小学教育：免除学杂费，教科书费，寄宿生发放生活补助1 000元/年。

③ 初中教育：免除学杂费，教科书费，寄宿生发放生活补助1 250元/年。

④ 普通高中教育：免除学杂费，教科书费，国家助学金2 000元/年，生活补助3 000元/年。

⑤ 中等职业教育：免除学杂费，教科书费，国家助学金2 000元/年，雨露计划生每年2 000元。

⑥ 高等教育：a. 信用助学贷款，额度为所上大学实际收取的学费和住宿费合计总额；b. 高校新生路费。当年被录取的贫困生一次性补助省外1 000元、省内500元；c. 本省就读的本科生、硕士研究生、博士研究生，分别享受每生4 000元/年、6 000元/年和12 000元国家助学金。专科学生享受每生4 000元/年国家助学金和2 000元/年雨露计划扶贫助学补助。

⑦ 义务教育学生营养餐补助：800元/年。

（2）民政部门的扶贫政策

① 农村低保标准：A 类 210 元人/月，B 类 180 元人/月，C 类 150 元人/月；

② 特困供养标准：分散供养 4 800 元人/年；

③ 残疾人两项补贴：重度护理补贴，60 元人/月；困难残疾人生活补助 60 元人/月；

④ 对因火灾、交通事故、意外事件、家庭成员突发重大疾病等原因，导致其基本生活暂时出现严重困难的建档立卡贫困户，根据临时救助规定和程序给予生活补贴。标准为：1 口人 1 000 元；2 口人 1 500 元；3 口人以上 2 000 元。

（3）残联扶贫政策

① 给予建档立卡重度残疾人参加农村养老保险，按缴费基准每人补贴 100 元。

② 免费为建档立卡残疾人提供辅助器具适配服务。

③ 免费为建档立卡残疾人提供就业技术培训。

除此之外，还有住建部门、电力部门、扶贫办等相关部门的优惠政策。金融扶贫、自主脱贫奖励政策等。此处不再一一记录。

（三）笔记 3

时间：2018 年 6 月 23 日

地点：周村

匆匆数月，一晃而过。直到假期临近，我才重新开始精准扶贫的调研。其实，身边有许多便利资源，只要自己愿意深入基层，还是能接触到许多生动的事例和个案的。这次回家，恰逢弟媳要去她所包的村庄进行走访。搭个便车，便开始了这次入户探访的经历。

天气炎热，和我一起到达的两名包村干部（都属于城关乡的公务员）建议我们先到村委会的大厅里稍事歇息，然后再开始走访贫困户。我接受了她们的建议。

村委会地方不大，能看得出来是近些年重新修建过的，两层小楼，还有个小院。大厅位于一楼左侧，进去时恰好该村的村支书、村主任都在。这恰好是了解村情及扶贫各项工作的好机会。

在进村的路上，已经通过两名包村干部了解了部分该村的基本情况。周村，共1528口人，目前有10户贫困户。2016年，贫困户18户，260人贫困人口；经过两年的扶贫工作，2018年，该村有8户已经实现脱贫，目前还有10户贫困户，其中有6户一般贫困户，4户低保贫困户，即所谓的"兜底户"。关于扶贫的政策，各村都相差不大，包括产业扶贫、企业带贫等，同样也存在当地公司利用贫困户贷款5万元，返还给贫困户600元每年的利息。

目前，该村有358户，其中至少有200户家中有劳动力外出打工，人均土地0.6亩地，村中自有三路高压线经过。该村由于邻近县城和洛阳市，因此，大多数村民对于种植和养殖没有兴趣，而是选择外出打工。据说，目前全乡有6个扶贫车间，但是很少人选择去里面干活。

走访中印象深刻的一家是个因病致贫的家庭。这家的房子看起来还不错，见到的是这家的女户主，60多岁，挺健谈的，她老伴得了癌症，儿子在附近打工，儿媳妇在家，一个孙子，一个孙女。好像儿媳妇有些肢体残疾，而且有点懒，家里的家务活都不干。我们结束访谈出门正好遇到她儿媳妇回来，推了一辆电动车，前面带的是她的小女儿。婆婆看见儿媳妇回来了，也还挺热情的，还当着我们的面夸了她儿媳妇几句。看起来，那个女人还不错，不像之前她婆婆描述的那样，看起来也还挺干练和干净整洁。这个家庭给人的感觉不错，没有之前让人觉得沉重的感觉。老人生病，至少还有儿子儿媳，孙子辈也算健康，这样的家庭就是有希望的。这家老太太对于扶贫干部表示了她的感谢，觉得他们享受的政策不少，也很知足的样子。

所有关于他们内心世界的窥视都需要与被研究群体接触，要么倾听他们在说什么，要么观察他们在做什么（行为和表现）。面对面的接触是不可缺少的。对于很多人而言，选择用语言清晰地表达自己的观点并不是件容易的事。尤其是贫困人群。这是本研究的难点，但即便这样，我依然相信这件事情是有意义的，值得做的。

印象深刻的还有另外两户，其中一家说是贫困户，我们和这家的女主人在大门口做了简单的交流，女的看起来有40多岁，不知道什么原因被定为贫困户，但至少从她家的房子来看，两层小楼，院子里也收拾得挺干净，院子虽然不大，但是种的有花草。看起来打扮得也挺时髦，记得还戴了金项链。但是当时时间不早了，我看两个村干部也想赶紧结束，所以也没有顾上细问。这样的例子在贫困户中也算是一种特殊的类型，特殊在于明明感觉上不像贫困户，但是不知什么原因被定为贫困户。看来，瞄不准和识别不精准的事例在当今依然存在。

与之形成鲜明对比的是这家隔壁的一家，房子是毛坯房，虽然盖了两层，却连基本的墙都没有粉刷，门窗也没有安装，用老家的话说这就是个房壳拉，是根本住不成人的，可是村干部讲，这里住的是父子两人。这家儿子的媳妇跟人跑了，家里没有了女人，也没钱再娶，父子两人好像在附近打工，也因此住在这里。我很疑惑，这样的家庭为何反而不是贫困户呢？村干部解释说，贫困户是前两年确定的，定下来之后因录入系统，不好再改了，不好增加或者删减。我当时想到的是这个系统的刻板性，可是听另外一位包村干部讲，在他所包的村不是这样，可以有人退出，其他人加入。具体的原因也许是村干部不想麻烦或者是这家人在申请贫困户时不够积极主动。

在周村差不多走访了6户，还有一家是一个独户老人，他和他侄子家住一个院，还共用一个厨房做饭。好像有70多岁了，无儿无女，房子也很破旧，属于20世纪80年代盖的住房。这位老人吃低保。半天时间，收获还是非常大的。入户的实地走访让我对于贫困户有了更多清晰的认识和详细的了解。

（四）笔记4

时间：2018年7月21日

目前，与贫困户相关的农村家庭有如下几种类型：贫困户（又分为低保贫困户、一般贫困户）、脱贫户和非贫困户。贫困户的识别是严格按照农民家庭人均纯收入来进行的。家乡的精准扶贫工作是从2017年开始重视起来的。最开始依据的是2014年和2015年确定的贫困户名单。但是由于上级政府不断地强调"精准识别"，因此，当驻村工作队和包村干部进驻之后，发现了一些所谓的"假贫困户"，即有些是村干部的亲戚或者熟人，有些明明不贫困却被定为"贫困户"。如何处理这些当初识别不精准而进入贫困户名单中的家庭？这成为当时包村干部需要解决的难题之一。当一旦被认定为贫困户后，这部分的信息已经被建档立卡了，也就是说一旦进入上级部门的名册中，这部分"假贫困户"便不好再被剔除了。要想把这部分没有被精准识别的贫困户移出目前的扶贫系统，只能以"脱贫户"的名义进行操作。2017年，Z村曾经发现7户村干部的关系贫困户，包村干部和第一书记商议后即以"脱贫"名义进行了处理。L 村也存在这种现象。本来已经将贫困户名单上报县级扶贫办，结果上级反馈说，因为 Y 县 2018 年底要整体脱贫，如果现在剔除这几户贫困户，等于承认了之前识别不精准的问题。因此，对此问题暂不做处理。然而，针对新近因病致贫、因学致贫的家庭，贫困户识别的系统是动态、开放的。根据 L 村贫困户的详细信息表可以看出，2016 年和 2017 年又重新识别了一部分贫困户，同时，对于每一户家庭，无论从个人信息（出生年月、健康状况等）还是致贫原因，都进行了详细登记。此外，贫困户的识别程序也已经实现程序化和公开化（四步识别程序和六步工作法）。

访谈中，不断被提及的一个词是"脱贫不脱政策"，顾名思义就是指贫困户脱贫之后，至少到 2020 年，他们还依然可以享受政府对于贫困户的各项补贴和扶持政策。那么，当前的扶贫政策到底有哪些？当前，农村各地的扶贫工作主要依据的是中共中央办公厅、国务院办公厅 2014 年 1 月 25 日印发的《关于创新机制扎实推进农村扶贫开发工作的意见》。截至目前，已经施行的扶贫政策有：产业扶贫、行业扶贫、社会力量扶贫。

所谓的产业扶贫，包括产业发展政策补贴、产业带动以及金融扶贫。

针对贫困户，有经济作物的种植补贴如种植花生每亩地补贴 500 元，种植红薯每亩补贴 700 元，种植石榴每亩地补贴 200 元。L 村的贫困户有不少都享受到这部分特色种植补贴。上次调研时，一个村支书说，国家的特色种植补贴只有贫困户才可以享受，但是不少贫困户种植上述经济作物的意愿并不强烈。（要深究其背后的原因，即为何贫困户不愿意种植经济作物，是因为缺乏劳动力还是缺乏技术等。）此外，经济作物还包括花椒、艾叶草等。

非贫困户愿意种植上述作物，但不能享受补贴。贫困户不愿意种，因此也无法享受补贴。村支书认为，这个政策过于死板，提出能否变通的问题。这涉及精准扶贫政策的覆盖边界问题。政策覆盖的人群究竟应该是有弹性的、可变通的，还是明确的、不可改变的？答案显然是后者。精准对应的是模糊，精准的含义中原本就包含边界清晰这一条。

产业发展中除了鼓励贫困户进行特色作物种植以外，还包括养殖类的政策。产业带动是地方政府扶贫的另一抓手。那么，各地政府又是如何做到呢？

利用贫困户的资格进行贷款，每户可以贷款 5 万元。国家政策的初衷是鼓励贫困户进行贷款创业，但在实际中，操作却远远背离了初衷。以 L 村 72 户贫困户为例，贫困户多是老年人或者残疾人。很少有贫困户到银行进行贷款。原因很明显，贷款终究是要还上的，既没有创业需求，也没有创业能力，贷款也没什么用。这样，政府的金融扶贫政策就形同虚设了。地方政府对此进行了"灵活变通"。贫困户不需要免息贷款，但是有人需要，谁呢？其他经济主体。比如，农民专业合作社，比如地方中小企业等。企业既然也有社会责任参与精准扶贫，如何让企业参与扶贫以及让哪些企业参与，这都考验地方政府的智慧。Y 县的做法是这样的：利用贫困户的资格进行贷款，从银行贷出来这笔钱给那些愿意参与扶贫的地方企业使用 3 年，而企业给承包的贫困户每年 3 200 元的"带贫资金"。3 200 元正好是当地贫困线的标准，等于帮助贫困户家庭中一人脱了贫。这件事背后运作的逻辑是：企业低息使用了银行贷款，而贫困户因为贫困户的身份无偿享用了国家精准扶贫的政策，即每年增加了 3 200 元的现金收入。据说在不同的乡镇和村庄，这笔钱发放的方式不同。有的村子是每个月拨付，有的则每个季度拨付。在 L 村，有一家民政农牧公司参与行业扶贫，这是当地能人创办的一家畜牧类企业。

该企业成立于 2007 年 8 月，2015 年 3 月挂牌交易，是河南省首家挂牌新三板的畜牧类企业。公司注册资本 9 150 万元，资产规模超 5 亿元，市值规模近 8 亿元，年出栏生猪 30 余万头。目前，该企业共带动全县 3 275 户贫困户，年均增收 3 200 元。名义上，当然不能说是低息使用贫困户资格获得的贷款，而是以虚拟岗位、开发性岗位等方式带动贫困户脱贫增收。

除此之外，农民专业合作社也是扶贫的主体之一。参与方式与上述企业类似，同样是使用 5 万元贷款，合作社给农户每年 3 600 元"带贫资金"。

对此扶贫政策的变通，看起来是各方受益的。首先，贫困户利用其贫困资格（身份）无偿得到了每年 3 000 多元的额外收入。其次，企业也从中受益，既承担了社会责任，同时也解决了资金筹措难的问题，第三，从政府的角度看，政府从中牵线搭桥，既加强了地方政府与企业之间的联系（包括情感联系），同时也完成了上级政府布置的扶贫任务。2018 年底之前，让所有的贫困户人均年度纯收入达到 3 208 元已经成为压在地方政府头上的一把利剑。届时这将作为考核干部的一把标尺。这也是为何地方政府想方设法让贫困户家庭增收的一个原因。

然而，此种做法也隐含着一些隐患。比如，此举解决了贫困户一时的贫困，但不具有可持续性。政府从扶贫资金中贴息，让贫困户和企业受益。但是，政府的扶贫资金是否可以一直这样保持下去还是后期会逐渐减少，这其中充满不确定因素。

此外，贫困户没有任何付出，每年白白得了3 000多元，这看似让他们占了国家的便宜，其实还是没有走出之前的扶贫模式，即输血式扶贫。贫困户的能力没有得到提升，也没有做到扶贫与扶智、扶志相结合。

因此，这项政策的变通更像是权宜之计，而非长远之策。这项工程涉及了太多的人力和家庭，参与扶贫的包村干部、第一书记等群体实在是不易。

（五）笔记5

时间：2019年7月

地点：台前县

早晨6点，我去往台前县。这应该是第五次前往台前县了，这个位于河南省东北角的县城是典型的国家级贫困县。

路上将近5个小时，下午1点抵达。饭后我带领学生下乡调研。这一天温度将近40℃。当地有乡镇干部带我们进村。刘楼位于城关乡附近，没多久就到了，村干部已经在会议室等着我们。村委会位于之前小学校园内，是一间学生教室改造成的。

村里书记已经认识我了，简单的寒暄之后，我请他给我们一行介绍一下该村近几年扶贫的成效。村子里还剩12户贫困户，43个贫困人口。2017年6月份来的时候，当时还有60户贫困户，记得当时村干部们还在忙着填表，完善建档立卡的信息。转眼两年过去，似乎脱贫攻坚已经接近尾声。扶贫干部和村干部们这两年内付出很多。闲聊之间，得知该村的村主任（村干部都姓刘）是个千万富翁，因盖房而致富。由于调研的任务重，所以这个话题没有展开深谈。

天气炎热，2点多，我们出去走访了3户。这几户之前我都去过多次，对于他们家中的情况也相对比较熟悉。第一家是刘XZ家。他们家经营一个小卖部，临街，房间不大，里面满满的都是日常百货，从饮料、矿泉水到酸奶、牛奶等。考虑到询问收入的话他们不一定说实话，我只问了房租，说是一年一万。

男人 50 多岁，女人是东北口音，戴着金项链和金耳环，挺健谈的样子。我猜测村干部跟他们家关系不错。

我详细询问他家的近况。说是当时做了单侧髋关节手术，这几年另外一条腿也开始疼了，因此这个男主人基本无法干体力活，主要是照看小店的生意。家中两个女儿已经出嫁，其中有一个外孙女六七岁的样子，前两年查出来得了癌症，村里干部还为他家捐了些钱。因为家中盖了两层楼房，因此在筛选贫困户的时候被退出了。2014 年长刘村第一次开始确定贫困户，因为考虑到后期便于从系统中退出，村干部最初确定的一批不是条件最差的，或者是家中情况还可以的。2016 年重新进行核查，村干部看到政策要求非常严格，而且要求精准，这才把之前不符合条件的剔除出去。估计这家也是这种情况。这是村干部给我的解释。

第二家去的是刘 QY 家。这是一个 70 多岁的老人，院子里砖砌成的灶台冒着黑烟。老人让我们进屋喝水，我们没有进去。她进去搬了几个低矮的小凳子，我们就坐下来聊天。这个老人的情况我也相对了解。她大儿子的媳妇前几年去世了，二儿子一家也在打工。她和老伴身体都有病，每个月光吃药就得几百元，可她说她家竟然没有吃上低保。我询问村干部这是为何，村主任支支吾吾好像不太清楚情况，后来回到村委会，村支书跟我说，这家大儿子有个货车，经常在外面跑运输。在低保核查时因为这个原因给取消了。言外之意，这是硬性规定，村里也没有办法。可是看着这个家徒四壁的院子，直觉认为，这家应该被纳入贫困户行列。可见在基层，要做到完全准确、无遗漏还是很难。

问卷里涉及衣食住行的详细开支情况，我没有——再问，因为发现这个问题自己凭印象也能猜个八九不离十。家庭的开支主要是医药费、吃饭的花销，用他们当地的话就是"了了""稀松"，也就是非常少的意思。当地人吃饭彼此区别不大，据说一天三顿都是馒头，或者面条，很少吃米饭。

在调研中还发现一个现象，这些老人无论自己经济条件多么紧张，都不会张口向子女要钱。或者说，子女通常也不主动给老人赡养费。因为他们自己的生活本身很不容易，老人不忍心再增加他们的养老负担。

这点在接下来的调研中都得到了印证。第三家是刘 LX 家。老人 1951 年出生，今年 68 岁，上次来时他不在，他老伴接待我们。院子还是原来的院子，有一辆八成新的电动三轮车。言谈中，才知道因为该村距离县城较近，很多老年人便利用这个便利条件，每天出去拉客，多则五六十元，少则二三十元，赚些钱补贴家用。老人对于我们的到来和询问表现得比较木讷，或者说是一种消极态度。我们进了他和老伴住的地方。一张 1.5 米的床上，凉席只有一半，木板床上甚至没有铺盖，没有褥子等。室内有一根绳子，上面挂着他们平时穿的衣服。靠南侧的墙上，还有贫困户的个人信息。显而易见，他家是贫困户。跟随来的第一书记说，各种政策，能给都给他家了。可是老人既没有表示感激，也没有其他多余的话语。从他的态度来看，对于扶贫政策似乎算不上很满意。因为问的问题有些具体，村干部又在一边督促着，我们待了十多分钟后便离开了。对于他们的故事，现在想来，我了解的还是非常有限。有些后悔当时应该多问点，可是在当时的情景里，我们这些外来的调研者，似乎也无法对于他们的生活有多少帮助。他们讪讪的神情让我觉得无法再详细问下去。离开时他只是把我们送到门口。我们上车的瞬间，看到他关上了自家的大门。

目前的很多政策是不错，可是等落地实施时总有不尽如人意之处。除了给他们一些生活补助外，扶贫干部也只能一声叹息。他家有儿子，可是儿子的状况也不容乐观，跟老人住在一个院子里。儿子平时在外面打工，多数时间也不在家里。老人需要自食其力，子女给的赡养费通常也是没有定数的。大病时的看护或者平时的零花钱可能会多少给点，但是恐怕没有按时、按点给。所以，像刘 LX 这样的老人，就还得靠自己出卖体力来换取生活费。但即便这样，前不久县城里检查，把三轮车也取缔了，说是以后不让开车拉客了。他们的生活将没有着落。每月 150 元左右的低保补助，100 元左右的养老金，这便是他们目前的大体收入。如何让他们脱贫？恐怕村干部会用其他的方法增加他们的收入。

这些天我几乎天天都想这些贫困户的事情。

在濮阳前后待了三天，第一天下午去了 3 户，然后在村委会见了 3 户，第二天上午在酒店休息，下午带着学生上了梁山，算是给自己放个小假。第三天上午，去了一个黄河边的深度贫困村。入户走访了 3 户家庭。一共接触到 10 户贫困户。

附录八 调研照片

(一) 贫困户民居

（二）实地走访

参考文献

一、专著

1. 曹锦清、张乐天、陈中亚：《当代浙北乡村的社会文化变迁》，上海远东出版社 2001 年版。
2. 曹锦清：《黄河边的中国》，上海文艺出版社 2013 年版。
3. 范会芳、付娆、张宝格：《乡村振兴背景下河南省残疾人生活质量调查及提升路径研究》，载于《河南蓝皮书》，中国社会科学文献出版社 2023 年版。
4. 范会芳、张宝格、王旭冉：《移动互联网时代河南省中年留守女性生活世界调查》，载于《河南蓝皮书》，中国社会科学文献出版社 2024 年版。
5. 费孝通：《江村经济：中国农民的生活》，商务印书馆 2001 年版。
6. 费孝通：《乡土中国》，北京大学出版社 1998 年版。
7. 费孝通：《行行重行行》，三联书店 2021 年版。
8. 国家统计局住户调查办公室：《中国农村贫困监测报告·2020》，中国统计出版社 2020 年版。
9. 河南省统计局、国家统计局河南调查总队：《河南统计年鉴 2017》，中国统计出版社 2017 年版。
10. 贺雪峰：《村治的逻辑》，中国社会科学出版社 2009 年版。
11. 贺雪峰：《乡村治理的社会基础》，中国社会科学出版社 2003 年版。
12. 贺雪峰：《乡村治理的社会基础》，三联书店 2020 年版。
13. 贺雪峰：《新乡土中国》，北京大学出版社 2013 年版。
14. 侯钧生：《西方社会学理论教程》，南开大学出版社 2006 年版。
15. 黄宗智：《长江三角洲的小农家庭与乡村发展》，中华书局 2000 年版。
16. 贾春增：《外国社会学史》，人民大学出版社 2008 年版。
17. 梁漱溟：《梁漱溟全集》，山东人民出版社 2011 年版。
18. 林耀华：《义序的宗族研究》，生活·读书·新知三联书店 2000 年版。
19. 刘燕舞：《农民自杀研究》，社会科学文献出版社 2014 年版。
20. 千家驹：《中国农村经济论文集》，中华书局 1936 年版。
21. 谢立中：《日常生活的现象学社会学分析》，社会科学文献出版社 2010 年版。
22. 许烺光：《宗族、种姓与社团》，南天书局 2002 年版。
23. 许倬云：《万古江河》，湖南人民出版社 2017 年版。
24. 杨华：《隐藏的世界：农村妇女的人生归属与生命意义》，中国政法大学出版社 2012 年版。
25. 杨善华：《理解普通妇女与她们的生活世界》，载于《日常生活的现象学社会学分析》，社会科学文献出版社 2010 年版。

26. 杨善华、谢立中:《西方社会学理论·上卷》,北京大学出版社 2005 年版。
27. 杨雅彬:《近代中国社会学》,中国社会科学出版社 2001 年版。
28. 张稼夫:《山西中部一般的农家生活》,摘自千家驹《中国农村经济论文集》,中华书局 1936 年版。
29. 周运清:《住宅社会学导论》,安徽人民出版社 1991 年版。
30. [奥] 阿尔弗雷德·舒茨:《社会实在问题》,华夏出版社 2001 年版。
31. [奥] 阿尔弗雷德·舒茨:《社会世界的现象学》,卢岚兰译,桂冠图书出版社 1991 年版。
32. [德] 马克思、恩格斯:《马克思恩格斯选集》,中共中央编译局译,人民出版社 2012 年版。
33. [德] 盖奥尔格·西美尔:《社会学——关于社会化形式的研究》,林荣远译,华夏出版社 2002 年版。
34. [法] 亨利·列斐伏尔:《空间的生产》,刘怀玉等译,商务出版社 2022 年版。
35. [法] 孟德拉斯:《农民的终结》,李培林译,社会科学文献出版社 2010 年版。
36. [美] 贝克尔:《家庭经济分析》,彭松建译,中国人民出版社 1900 年版。
37. [美] 雷格那·纳克斯:《不发达国家的资本形成问题》,谨斋译,商务印书馆 1986 年版。
38. [美] 罗伯特·芮德菲尔德:《农民社会与文化》,王莹译,中国社会科学出版社 2013 年版。
39. [美] 托马斯、弗洛里安·兹纳涅茨基:《身处欧美的波兰农民》,张友云译,译林出版社 2000 年版。
40. [美] 威廉·詹姆斯:《心理学原理》,田平译,中国城市出版社 1890 年版。
41. [美] 西奥多·W. 舒尔茨:《论人力资本投资》,吴珠华等译,北京经济学院出版社 1990 年版。
42. [美] 詹姆斯·C. 斯科特:《农民的道义经济学:东南亚的反叛与生存》,程立显等译,译林出版社 2001 年版。
43. [圣卢西亚共和国] 威廉·阿瑟·刘易斯:《二元经济论》,施炜译,北京经济学院出版社 1989 年版。
44. [苏联] A. 恰亚诺夫:《农民经济组织》,萧正洪译,中央编译出版社 1996 年版。
45. [印度] 阿马蒂亚·森:《贫困与饥荒》,王宇、王文玉译,商务印书馆 2004 年版。
46. [英] 托马斯·罗伯特·马尔萨斯:《人口原理》,杨菊华、杜声江译,中国人民大学出版社 2012 年版。
47. Edward C, *Banfield: The Moral Basis of a Backward Society*, Free Press, 1958.
48. Tom Wengraf, *Qualitative Research Interviewing—Biographic Narrative and Semi-structured Methods*, London: SAGE Publications, 2001.

二、论文

1. 白描、苑鹏:《农民社会关系的现状及影响因素分析》,《中国农村观察》2014 年第 1 期。
2. 卞桂平、杨艳春:《当代农民精神世界构建:主体意识及其培养》,《理论与改革》2008 年第 3 期。

3. 曹海林：《乡村社会变迁中的村落公共空间——以苏北窑村为例考察村庄秩序重构的一项经验研究》，《中国农村观察》2005 年第 11 期。
4. 晁国庆：《当前农村宗教盛行的原因》，《广西社会科学》2005 年第 5 期。
5. 陈辉：《人事管理哲学基本问题探析》，《中国行政管理学会 2011 年年会暨"加强行政管理研究，推动政府体制改革"研讨会论文集》2011 年。
6. 陈小锋：《农民行动研究的两种范式之争：焦点、反思与重构》，《湖北社会科学》2021 年第 4 期。
7. 陈志明：《福建农民的日常饮食：永春农村生活的个案研究》，《湖北民族学院学报（哲学社会科学版）》2018 年第 5 期。
8. 邓丹：《新媒体环境下农村人际关系建构研究——以闽西温厝村为例》，《东南传播》2019 年第 4 期。
9. 董磊明、杨华：《西方宗教在中国农村的传播现状——修远基金会研究报告》，《马克思主义无神论研究》2016 年第 4 辑。
10. 杜鹏：《郊区社会：城乡中国的微观结构与转型秩序》，《社会科学文摘》2021 年第 7 期。
11. 范会芳：《多维福利视角下脱贫户的福利获得及福利效应研究——以豫西 D 村的扶贫实践为例》，《郑州大学学报》2020 年第 5 期。
12. 范会芳：《精准扶贫背景下贫困户的社会资本差异研究》，《农业经济》2021 年第 5 期。
13. 范晓光、吕鹏：《中国私营企业主的"盖茨比悖论"——地位认同的变迁及其形成》，《社会学研究》2018 年第 6 期。
14. 方宏萍、马连刚、余韬：《乡村振兴背景下 B 市农村人居环境整治中的问题与对策研究》，《四川环境》2023 年第 5 期。
15. 高更和、陈淑兰、李小建：《中部农区农户打工族研究——以河南省三个样本村为例》，《经济地理》2008 年第 2 期。
16. 高敏芳：《政府部门精准扶贫投入效果分析——基于渭南市临渭区截面数据分析》，《渭南师范学院学报》2018 年第 8 期。
17. 高志辉：《论新时代下农民社会主义核心价值观的培育》，《西部学刊》2018 年第 10 期。
18. 顾东辉：《精准扶贫内涵与实务：社会工作视角的初步解读》，《社会工作》2016 年第 5 期。
19. 顾杰、徐建春、卢珂：《新农村建设背景下中国农村住房发展：成就与挑战》，《中国人口·资源与环境》2013 年第 9 期。
20. 顾秀林、闫碧舟：《面向生活世界的评价：一种评价哲学的审视》，《当代教育与文化》2021 年第 2 期。
21. 关信平：《我国低保标准的意义及当前低保标准存在的问题分析》，《江苏社会科学》2016 年第 3 期。
22. 郭华：《英国中世纪晚期农民饮食结构的变化》，《齐鲁学刊》2008 年第 3 期。
23. 郭于华、孙立平：《诉苦：一种农民国家观念形成的中介机制》，《中国学术》2002 年第 4 期。
24. 郭于华：《"弱者的武器"与"隐藏的文本"——研究农民反抗的底层视角》，《读书》2002

年第 7 期。
25. 杭承政、胡鞍钢：《"精神贫困"现象的实质是个体失灵——来自行为科学的视角》，《国家行政学院学报》2017 年第 4 期。
26. 何绍辉：《人情功利化及其社会基础——基于辽宁东村的调查与思考》，《古今农业》2012 年第 2 期。
27. 贺青梅、李海金：《农户交往社会化：传统性与现代性之间的张力——以豫东任村为分析对象》，《中州学刊》2012 年第 2 期。
28. 贺文乐：《民国时期山西农民的粮食消费与饮食组合》，《中北大学学报（社会科学版）》2012 年第 6 期。
29. 贺璇：《农村低保户形象的社会认知及其政策效应》，《人文杂志》2021 年第 9 期。
30. 贺雪峰：《被打破的传统通婚圈——农村性别失衡下的代际关系新象》，《同舟共进》2018 年第 8 期。
31. 贺雪峰：《农村家庭代际关系的变迁——从"操心"说起》，《古今农业》2007 年第 4 期。
32. 贺雪峰：《农民价值观的类型及相互关系——对当前中国农村严重伦理危机的讨论》，《开放时代》2008 年第 3 期。
33. 贺雪峰：《乡村治理研究的进展》，《贵州社会科学》2007 年第 6 期。
34. 侯钧生、韩克庆：《西方社会分层研究中的两种理论范式》，《江海学刊》2005 年第 4 期。
35. 黄剑：《日常实践视角下生活世界亲和性的嬗变与重塑》，《广西民族大学学报（哲学社会科学版）》2018 年第 6 期。
36. 黄瑞芹：《中国贫困地区农村居民社会网络资本——基于三个贫困县的农户调查》，《中国农村观察》2009 年第 1 期。
37. 黄玉玺、李军：《我国农村住房发展的主要矛盾及影响因素分析》，《现代经济探讨》2015 年第 7 期。
38. 黄泽颖、孙君茂、郭燕枝、王秀丽、马云倩：《农民的农业生产多样性对其饮食多样化和营养健康的影响》，《中国农业科学》2019 年第 18 期。
39. 霍桂桓：《全球化与文化哲学方法论》，《社会科学论坛》2001 年第 12 期。
40. 简小鹰、谢小芹：《"过日子"与农民的生活逻辑——基于江汉平原 L 村的经验考察》，《长白学刊》2015 年第 1 期。
41. 康来云：《改革开放 30 年来中国农民价值观变迁的历史轨迹和未来走向》，《学习论坛》2008 年第 9 期。
42. 乐君杰、叶晗：《农民信仰宗教是价值需求还是工具需求？——基于 CHIPs 数据的实证检验》，《管理世界》2012 年第 11 期。
43. 李凤兰：《社会主义核心价值观引领乡村文化振兴——基于日常生活理论视角》，《贵州社会科学》2018 年第 7 期。
44. 李辉：《缓解相对贫困：贫困边缘户贫困的预防与应对》，《特区经济》2022 年第 6 期。
45. 刘精明、李路路：《阶层化：居住空间、生活方式、社会交往与阶层认同——我国城镇社会阶层化问题的实证研究》,《社会学研究》2005 年第 3 期。
46. 刘琪:《通过社会交往的农村老年人精神慰藉实现:生成逻辑与路径优化》,《云南民族大学学报(哲学社会科学版)》2022 年第 3 期。
47. 刘少杰:《从物理学到现象学:空间社会学的知识基础转移》,《社会科学战线》2019 年第 9 期。
48. 刘燕舞:《家庭结构转型下的农村妇女自杀研究》,《华南农业大学学报(社会科学版)》2019 年第 4 期。
49. 刘燕舞:《中国农村妇女自杀率演变的趋势分析——基于 6 省 24 村的回顾性田野调查》,《贵州师范大学学报(社会科学版)》2017 年第 2 期。
50. 流心:《自我的结构》,《中国社会心理学评论》2010 年第 1 期。
51. 鲁小亚、刘金海:《乡村振兴视野下中国农民精神文化生活的变迁及未来治理——基于"社会结构—精神方式"分析路径》,《农业经济问题》2019 年第 3 期。
52. 吕永红:《新型农村社会交往的影响因素调查分析》,《安徽农业科学》2012 年第 32 期。
53. 倪梁康:《探寻自我:从自身意识到人格生成》,《中国社会科学》2019 年第 4 期。
54. 潘泽泉:《重新认识农民工:弱者的行为逻辑和生存策略》,《社会科学辑刊》2008 年第 3 期。
55. 彭妮娅:《教育扶贫成效如何?——基于全国省级面板数据的实证研究》,《清华大学教育研究》2019 年第 4 期。
56. 钱杭:《现代化与汉人宗族问题》,《上海社会科学院学术季刊》1993 年第 3 期。
57. 邱新有、熊芳芳、单文桂:《中国农村宗教信仰特点的微观分析——以铁村黄庄教徒信仰为分析对象》,《江西师范大学学报(哲学社会科学版)》2007 年第 2 期。
58. 邱新有:《中国农村宗教信仰特点的微观分析——以铁村黄庄教徒信仰为分析对象》,《江西师范大学学报(哲学社会科学版)》2007 年第 2 期。
59. 孙飞宇:《方法论与生活世界 舒茨主体间性理论再讨论》,《社会》2013 年第 1 期。
60. 孙旭友:《哭穷:贫困农民自我表达的另类机制》,《湖南农业大学学报》2015 年第 1 期。
61. 万江红、苏运勋:《精准扶贫基层实践困境及其解释——村民自治的视角》,《贵州社会科学》2016 年第 8 期。
62. 万江红、孙枭雄:《权威缺失:精准扶贫实践困境的社会学解释》,《社会科学文摘》2017 年第 5 期。
63. 万良杰、薛艳坤:《贫困流动性、贫困类型与精准脱贫施策研究》,《湖北民族学院学报(哲学社会科学版)》2019 年第 5 期。
64. 王国伟:《新形势下农民群体对社会主义核心价值观认同度的分析——基于全国 2142 份问卷的调查》,《思想政治教育研究》2017 年第 2 期。
65. 王昊月、马文杰:《政府投入与扶贫效果:多多益善,还是因地制宜?——基于四川省宜宾市 388 个贫困村的实证研究》,《农村经济》2019 年第 10 期。
66. 王琳娜:《新媒体对农村社会交流方式的影响研究——以广西桂林市兴安县高村为例》,《理论观察》2013 年第 9 期。

67. 王平亚:《论教育如何回归生活世界》,《内蒙古师范大学学报(教育科学版)》2009 年第 3 期。
68. 王任、冯开文:《改革以来农民住房的改善及其原因探讨——基于返乡调查数据的实证分析》,《中国农业大学学报》2017 年第 3 期。
69. 王三秀:《贫困治理转型与贫困农民就业福利模式重构》,《社会保障研究(北京)》2013 年第 2 期。
70. 王术坤、董永庆、许悦:《宗教信仰与农村居民社会网络:信教者的朋友更多吗?——基于 CLDS 数据的实证检验》,《世界经济文汇》2020 年第 2 期。
71. 王朔柏、陈意新:《从血缘群到公民化:共和国时代安徽农村宗族变迁研究》,《中国社会科学》2004 年第 1 期。
72. 王思斌:《中国人际关系初级化与社会变迁》,《管理世界》1996 年第 3 期。
73. 王思斌:《精准扶贫的社会工作参与——兼论实践型精准扶贫》,《社会工作》2016 年第 3 期。
74. 王思斌:《中国人际关系初级化与社会变迁》,《管理世界》1996 年第 3 期。
75. 王太明、王丹:《后脱贫时代相对贫困的类型划分及治理机制》,《求实》2021 年第 2 期。
76. 王秀然、林飞、于英:《农村社会交往特点调查研究——以山东省为例》,《安徽农业科学》2012 年第 30 期。
77. 王雨磊:《数字下乡:农村精准扶贫中的技术治理》,《社会学研究》2016 年第 6 期。
78. 吴春梅、席莹:《党的群众路线在农村实践的社会基础》,《武汉大学学报(哲学社会科学版)》2014 年第 5 期。
79. 吴飞:《论"过日子"》,《社会学研究》2007 年第 6 期。
80. 吴倩倩:《社会资本对农村通婚圈的影响研究》,《中国管理信息化》2018 年第 11 期。
81. 吴越、张春泥、卢云峰:《反思"农村西方宗教热":迷思还是事实?——基于中国家庭追踪调查的分析》,《开放时代》2020 年第 3 期。
82. 吴重庆:《从熟人社会到"无主体熟人社会"》,《读书》2011 年第 1 期。
83. 辛璟怡、于水:《主体多元、权力交织与乡村适应性治理》,《求实》2020 年第 2 期。
84. 徐苗苗、刘冬:《哈贝马斯"生活世界理论"对现代性的反思》,《黑龙江社会科学》2020 年第 5 期。
85. 许汉泽、李小云:《精准扶贫视角下扶贫项目的运作困境及其解释——以华北 W 县的竞争性项目为例》,《中国农业大学学报(社会科学版)》2016 年第 4 期。
86. 许纪霖:《在自由与公正之间——现代中国的自由主义思潮(1915—1949)》,《思想与文化》2007 年第 3 期。
87. 许纪霖:《中国思想研究:五四运动专辑》,《知识分子论丛》2005 年第 1 期。
88. 阎云翔:《社会自我主义:中国式亲密关系——中国北方农村的代际亲密关系与下行式家庭主义》,《探索与争鸣》2017 年第 7 期。
89. 杨彪、郭昊天:《农民的"出场":短视频中的乡村振兴图景与话语表征》,《新闻爱好者》2021 年第 2 期。

90. 杨善华、刘小京：《近期中国农村家族研究的若干理论问题》，《中国社会科学》2000 年第 5 期。
91. 杨善华、孙飞宇：《作为意义探究的深度访谈》，《社会学研究》2005 年第 5 期。
92. 杨善华：《改革以来中国农村家庭三十年——一个社会学的视角》，《江苏社会科学》2009 年第 2 期。
93. 杨善华：《感知与洞察：研究实践中的现象学社会学》，《社会》2009 年第 1 期。
94. 杨善华：《关注"常态"生活的意义——家庭社会学研究的一个新视角初探》，《江苏社会科学》2007 年第 5 期。
95. 杨善华：《关注家庭日常生活中的"恒常"——一个家庭制度变迁的视角》，《中华女子学院学报》2021 年第 2 期。
96. 张道建：《"日常生活转向"的理论源流探析》，《湖北社会科学》2019 年第 9 期。
97. 张斐男：《日常生活视角下的农村环境治理——以农村人居环境改造为例》，《江海学刊》2021 年第 4 期。
98. 张浩军：《舒茨社会世界现象学视域中的他人问题》，《学术研究》2018 年第 5 期。
99. 张剑、隋艳晖：《农村危房改造扶贫的问题与对策研究——基于山东、河南的督导调研》，《经济问题》2016 年第 10 期。
100. 张世勇：《电视下乡：农民文化娱乐方式的家庭化》，《华中科技大学学报（社会科学版）》2008 年第 6 期。
101. 张显春：《欢乐还是幻乐：麻将娱乐对农村中老年群体幸福感的影响机制》，《西北人口》2019 年第 4 期。
102. 赵斌斌、蔡弘：《农村宗族网络与农业劳动力转移的关系研究》，《山西农业大学学报（社会科学版）》2021 年第 2 期。
103. 赵庆婷、高昊：《农村地区老年人短视频使用的数字反哺现象研究——基于山西省中上达村的考察》，《传媒观察》2021 年第 9 期。
104. 郑震：《空间：一个社会学的概念》，《社会学研究》2010 年第 5 期。
105. 中共中央办公厅、国务院办公厅：《农村人居环境整治提升五年行动方案（2021—2025 年）》，《人民日报》2021 年第 1 期。
106. 左停、李世雄：《2020 年后中国农村贫困的类型、表现与应对路径》，《南京农业大学学报（社会科学版）》2020 年第 4 期。
107. 左停、杨雨鑫、钟玲：《精准扶贫：技术靶向、理论解析和现实挑战》，《贵州社会科学》2015 年第 8 期。
108. Daniel Patrick Moynihan, "Defining Deviancy Down: How We've Become Accustomed to Alarming Levels of Crime and Destructive Behavior", *The American Scholar*, 1993（62）.
109. Rochus Sowa, "Husserls Idee einer nicht-empirischen Wissenschaft Rochus Sowa", *Husserls Idee einer nicht-empirischen Wissenschaft*, 2010（1）.

三、网站

1. 新华社:《中共中央国务院关于做好 2023 年全面推进乡村振兴重点工作的意见》,http：//www.gov.cn/zhengce/2023-02/13/content_ 5741370.htm?dzb=true。
2. 中国互联网络信息中心:《第 51 次中国互联网络发展状况统计报告》,https：//www.cnnic.net.cn/n4/2023/0303/c88-10757.html。

致 谢

本书能够顺利出版，首先，感谢我所任职的学院——郑州大学政治与公共管理学院。从 2002 年毕业到郑州大学任教，迄今已有 20 多年了，期间我一直在学院工作。学院的工作氛围十分团结和谐，学院领导对学科发展给予了大力支持，这些都是本书能够顺利出版的前提。

其次，还要感谢上海社会科学院出版社的叶子女士。从偶然相识，到后来数次商讨本书的书名以及其中的若干细节，叶子女士专业、严谨，同时谦和、耐心，她对于本书的定位等方面提出的许多有针对性的建议让我受益良多，她的雷厉风行也促使我加快了修改的进度，使得这本书能够在 2024 年付梓。

第三，我还想感谢那些常年参与精准扶贫战役的无数的驻村干部、第一书记以及乡镇基层干部。他们为了如期打赢这场脱贫攻坚战役，不知道牺牲了多少个人休息的时间，不知道为此跑了多少路、费了多少口舌。他们中的大多数默默无闻。我国之所以能够如期完成脱贫攻坚重任，与他们的超强度付出与无私贡献是分不开的，他们是这个时代的无名英雄。

第四，我还想感谢九三学社河南省委、九三学社濮阳市委，感谢他们为我数次入户调查所搭建的平台、提供的帮助以及为地方脱贫所做出的不懈努力。我还要感谢我的多名研究生。张梦惠、苏晓冰、张宁、张宝格等曾多次跟随我深入农村调研，帮我整理资料，核对数据。张宝格、刘振奋协助我完成最后阶段的文字校对和格式修改工作。如今，他们大多走上了工作岗位，但愿之前数次下乡调研的经历能够让他们更深切地了解中国基层社会的复杂与多样，了解基层干部的艰辛与敬业。只有了解了这个时代，了解了基层社会，才能更好地在他们各自的岗位发光发热。

最后，我要感谢我的家人。正是因为有家人的大力支持，我才能够在乡村领域坚持自己的研究，才能够获取最新、最全面的一手数据。同时，也正是家人的大力支持，我才能够获得持续不断的研究动力，不忘初心，保持质朴与纯真。

学术之路并不轻松，甚至清苦、劳神。我也曾无数次怀疑自己以及研究本身的价值。幸亏没放弃，我体验到长夜漫漫之后用文字书写的快乐，体会到科研的时代价值。我将继续用笔记录和书写。

　　感谢教育部人文社科基金对于本课题所提供的支持，感谢这个时代，感谢所有为我提供帮助的人。

2024 年 8 月 11 日

图书在版编目(CIP)数据

贫困农民的生活世界：精准扶贫时期的贫困治理研究 / 范会芳著. -- 上海：上海社会科学院出版社，2024. -- ISBN 978-7-5520-4593-2

Ⅰ.F126

中国国家版本馆 CIP 数据核字第 2024CD0358 号

贫困农民的生活世界：精准扶贫时期的贫困治理研究

著　　者：范会芳
责任编辑：叶　子
封面设计：黄婧昉
出版发行：上海社会科学院出版社
　　　　　上海顺昌路 622 号　邮编 200025
　　　　　电话总机 021-63315947　销售热线 021-53063735
　　　　　https://cbs.sass.org.cn　E-mail:sassp@sassp.cn
照　　排：南京展望文化发展有限公司
印　　刷：上海万卷印刷股份有限公司
开　　本：710 毫米×1010 毫米　1/16
印　　张：13.75
插　　页：1
字　　数：228 千
版　　次：2024 年 12 月第 1 版　2024 年 12 月第 1 次印刷

ISBN 978-7-5520-4593-2/F·797　　　　　定价：88.00 元

版权所有　翻印必究